KB119332

과잉존재

김곡 지음

한겨레출판

일러두기

1 — 인명표기는 국립국어원의 표기통일을
따르되 관례적으로 쓰이는 인명의 경우 그대로
표기했습니다.
2 — 각주에서 저자가 첨가한 내용은 대괄호로
표시했습니다.
3 — 각주에 자주 등장하는 멜라니 클라인의
도서 『Love, Guilt and Reparation』,
『Envy and Gratitude』의 경우 최초 표기
이후부터는 LGR, EG로 표기했습니다.

서문

'과잉(hyper)'보다 이 시대를 잘 요약하는 말은 없다. 너무 많은 정보, 너무 많은 상품, 너무 많은 관계 속에서 과잉행동하고 과잉경쟁하지 않고는 살아남을 수 없게 되었으니 말이다. 오늘날 과잉은 단지 사물의 수량을 따지는 술어가 아니다. 과잉은 이제 삶의 방식, 존재방식 자체다.

　　과잉의 폐해는 대상이 너무 많아지는 것이 아니라, 외려 대상이 너무 없어진다는 데서 온다. 너무 많은 대상들이 주어지지만, 바로 그 때문에 진짜 대상은 판별할 수 없다. 오늘날 ADHD, 공황장애, 묻지마 범죄가 동시에 유행하게 된 것은 우연이 아니다. 모두 대상의 쓰나미 속에서 정작 진짜 대상은 잃어버리는 과잉장애들이다. 너무 많은 대상은 대상이 아니다. 너무 많은 친구는 친구가 아니다. 너무 많은 링크는 링크가 아니다. 패닉은 여기서 온다.

　　과잉과 나르시시즘은 떼어놓을 수 없다. 대상이 결여된 나르시시즘이야말로 과잉사회가 요구하는 최고의 스펙이다. 모든 과잉현상에서 인간의 유아화가 관찰되는 것은 이 때문이다. 과잉사회는 인간이 유아기적 나르시시즘 상태로 퇴행하기를 소망한다. 그래야 과잉이 남는 장사가 되기 때문이다.

　　　　　1장은 이 책의 중심이 되는 일반론이다. 이번 세기를 과잉의 시대로 만드는 과잉 개념을 정의한다. 2장, 3장, 4장은 이 시대의 대표증상인 ADHD, 공황장애, 조울증을 과잉의 관점에서 조명한다. ADHD나 공황장애는 단지 신경학적 문제만이 아닌, 사회적 질환임을 밝힌다. 5장은 최근 대유행 중인 묻지마 범죄와 아동학대에 관한 장이다. 과잉사회에서 우린 왜 그토록 시시콜콜한 것에도 폭발하는지, 그로써 왜 범죄는 점점 무동기화되고, 범죄자는 점점 ADHD적이 되는지를 분석해본다. 6장과 7장은 각각 경제와 정치에 관한 장이다. 권력마저 과잉의 형태로 변해왔음을 논하며, 그 현상들을 한국사례들에서 찾아본다. 8장은 결론장이다. 과잉이 어디서 기원하는지 알아보고, 과잉에 저항하는 윤리란 무엇인지 알아본다. 과잉은 기본적으로 '너는 무엇이든 할 수 있다'고 부추기는 특수한 권력의 효과다. 거기엔 타자의 자리가 없다. 그렇다면, 저항은 타자의 자리를 되찾는 데서 시작된다.

이 책은 아동심리학 서적도, 교육학 서적도 아니다. 하지만 과잉은 철저히 성장과 훈련의 문제이며, 그런 점에서 교육적 측면도 다룰 것이다. 물론 가정교육만이 희망이라며 구닥다리 도덕을 읊자는 건 아니다. 아무리 건강한 가정을 졸업해도 과잉사회라는 병든 가정이 출석부를 들고 기다리고 있다.

많은 논의를 멜라니 클라인과 대상관계이론에 빚졌다. 전통 정신분석학과 달리, 클라인과 대상관계이론가들은 어머니와 아동의 관계에 주목했고, 각종 정신질환의 기원으로 초기 아동기를 지목했다. 불행히도 그들이 파헤치던 유아적 단계야말로 이 사회가 처한 상황이다. 또 그들이 성장의 필수조건이라 말하던 '내면화된 어머니'야말로 이 시대가 가장 빨리 잃어가고 있는 윤리다.

2021년 3월
김곡

1

과잉주체

우리는 왜
과잉하는가

21세기의 벽두, 2001년. PC방에서 고3 학생이 쓰러져 사망했다. 사인은 돌발적인 심정지. 그는 식사도 잊은 채 10일 동안 하루에 열 시간씩 인터넷 게임에 과몰입하던 중이었다. 그는 과로사했다. 그로부터 20여 년이 흘렀지만 상황은 크게 달라지지 않았다. 오늘날 모든 것이 과잉(hyper)이다. 슈퍼마켓엔 상품들이 넘쳐나고, 노동시장엔 경쟁자들이 넘쳐나고, TV와 인터넷엔 콘텐츠가 넘쳐난다. SNS에는 주인 없는 말들과 이름 없는 친구들이 넘쳐나고 '좋아요'가 범람한다. 과민반응이나 과잉행동으로 인해 사소한 자극에도 과흥분하고 과몰입하기도 하고, 원인 모를 과호흡 패닉에 급습당하기도 한다. 과로사가 유행한다. 바야흐로 과잉의 시대다. 과잉이 아닌 것은 없고, 우리 자신도 과잉으로 살아가는.

　　　　　과잉은 단지 '너무 많음'을 뜻하진 않는다. 지난 세기에도 과잉은 있었다. 상품은 과잉공급되었고, 통화량은 팽창했고, 전쟁터엔 무기와 시체들이 넘쳐났다. 하지만 우리는 그 시대를 과잉의 시대라 부르지 않는다. 거기에는 오늘날 우리가 경험하고 있는 과흥분과 과몰입과 같은 특징들이 없다. 19세기 전쟁터의 자유주의자는 아무리 흥분해도 과흥분이 아니었고, 20세기 방직공장의 프롤레타리아는 아무리 죽어나가도 과로사가 아니었다. 차라리 그것은 혁명을 향한 '열정'과 '희생'으로 먼저 말해졌다. 지난 세기는 과잉의 등장을 억압하고 지연시키는 개념과 수단들을 갖춘 시대였던 것이다.

　　　　과잉의 반대말은 과소가 아니다. 과잉의 반대말은 경계(threshold、limit)다. 경계란 기준이며 제한이고 그를 통한 균형과 조절이다. 과잉을 단지 '무엇에 비해 많다'는 상대적 의미로 생각해서는 안 된다. 오히려 그것은 많고 적음을 판별하고 조절하는 기준의 해체를 의미한다. 사람들은 오늘날이 불확실성의 시대라고 말하지만, 이는 오늘날이 기준이 해체된 시대이기 때문이지 그 역이 아니다. 과잉없는 불확실성이란 없다.

　　　　과잉은 수량이나 수치가 아니다. **과잉은 경계의 철폐다**. 그것은 세계의 일부를 양적으로 나누는 기준이 아니라, 모든 기준을 철폐함으로써 세계 전체를 질적으로 변화시키려는 시대증상이자 집단충동이다. 지난 세기에 책, 우편, 전화 같은 미디어는 송신자와 수신자 간 경계를 통해 작동했다. 그러나 이번 세기 인터넷은 시공간의 경계 자체를 철폐한다. 지난 세기 노동시장은 노동시간의 한계를 정하는 체계였다. 그러나 이번 세기의 유연화된 노동시장은 필요노동과 잉여노동의 경계 자체를 철폐한다. 지난 세기의 포르노는 자유의 억압에 반발하여 일어났다. 그러나 이번 세기의 노출 문화는 포르노와 자유의 경계를 철폐한다. 지난 세기의 부동산 정책은 인구의 집중과 분산 한도를 정하는 문제였다. 그러나 이번 세기의 규제 완화 정책은 그런 한도 자체를 철폐한다. 지난 세기 민주주의 구호는 지배와 착취에 반발하여 일어났다. 그러나 이번 세기 신자유주의는 지배와 피지배의 경계를 철폐한다. 피아제의 정의에 따르면, 구조란 "자기조절(autoréglage)"이다. 경계들의 집합이다.[1] 과잉은 우리가 이제껏 믿고 의지해 온 모든 구조를 허물어서 세상을 변화시킨다. 과잉은 이제 생존의 다른 이름이다.

　　　　　현대사회는 거대한 패러다임의 변환이 진행 중이다. 지난 세기는 경계를 긋는 시대였다. 그래서 추방의 시대이기도 했다. 제국주의와 냉전은 그런 패러다임에 입각한 억제와 조절의 질서였다. 이때는 지배자도 피지배자도 모두 경계를 그었다. 국가와 자본은 국경과 공장벽을 그어 추방하고 감금하여 통치했고, 주체는 그런 경계들을 뛰어넘거나 탈환함으로써 저항했다. 지난 세기를 대표하는 실존주의자, 자유주의자, 프롤레타리아는 모두 **경계를 지킨다**. 경

---

1 — Jean Piaget, Le structuralisme (1968), PUF, 1972(5e édition), chap.1, pp.6~7. "경계의 안정성(stabilité de frontières)을 보존하려는 이런 특성은 구조가 자기조절적이라는 것을 함의한다."(p.14)

13

계 없이 적과 이상향은 인식되지 않았고, 행동은 조직되지도 않았으므로. 지난 세기는 경계와 추방의 패러다임이다. 거기서 주체는 경계에 살고 경계에 죽는 경계의 인간, '호모 사케르(Homo Sacer)'였다.

그러나 이번 세기의 상황은 반대다. 냉전 이후 진행된 세계화와 민주화는 국경을 허물었고, 교통 및 통신기술의 발전은 지각의 경계도 허물었다. "사회는 점점 '구조'라기보다는 하나의 '네트워크', 즉 본질상 무한정 다시 짜 맞출 수 있는 매트릭스로 인식되고 또 취급된다."[2] 21세기의 주체는 추방되고 싶어도 추방될 수가 없다. 추방될 경계가 없기 때문이다. 행동하고 싶어도 행동할 수가 없다. 뛰어넘을 경계가 없기 때문이다. 저항하고 싶어도 저항할 수가 없다. 지킬 경계가 없기 때문이다. 반대로 이제는 무력해진 경계들을 마저 허물고, 그로써 어떤 경계도 남아있지 않음을 증명하기 위해 충동하고 달음박질하는 것만이 그에게 허락된 유일한 캐릭터다. 지배자뿐만 아니라 이상향에도 한정됨이 없는 그는 무경계의 인간이다. 경계가 없으므로 그는 행동 대신 과잉행동할 수 있을 뿐이며, 조절 대신 팽창할 수 있을 뿐이다.

무경계의 인간은 충동의 인간이다. 그는

2 ─ 지그문트 바우만, 『모두스 비벤디』, 한상석 옮김, 후마니타스, 2010, 서문, 10쪽.

지난 세기를 지배했던 경계와 추방의 패러다임과는 전혀 다른 패러다임 속에 있다. 그는 경계(threshold)의 패러다임에서 '억제(hold)'가 소거된 달음박질(thrash)의 패러다임, 추방(expulsion)의 패러다임과 반대되는 충동(impulse)의 패러다임, 즉 **과잉과 충동의 패러다임**을 살아가는 새로운 주체다.

질환만큼 패러다임의 변화를 일찍 알려주는 것은 없다. 이번 세기에 본격적으로 대중화된 ADHD, 경계선 성격장애, 분노조절장애, 조울증, 정신분열증 같은 질환들은 지난 세기를 지배했던 히스테리로는 잘 설명되지 않는다. 히스테리는 "대뇌 흥분을 항상 일정하게 유지"하려고 "과잉의 흥분"을 억압하는 데서 오는 마비증이다.[3] 억압은 "**경계 긋기**(abgrenzen)"이고 "**제한**(abhalten)"이다.[4] 반대로 이번 세기의 질환들은 억압이 없어지는 데서 온다. 실제로 ADHD나 충동조절장애는 특정 자극을 억제하는 게 아니라, 거꾸로 모든 자극에 일일이 다 반응하고, 심지어 없던 자극도 만들어내는 데서 발병한다. 일반적으로 모든 종류의 조절장애는 과잉의 패러다임에 속한다.

중독과 소비의 개념도 바뀌었다고 봐야 한다. 지난 세기의 중독은 억압이 초래한 심리적 결

3 — 요제프 브로이어, 「이론적 고찰」, 『히스테리 연구』, 김미리혜 옮김, 열린책들, 1997, 263~265쪽.
4 — 지그문트 프로이트, 「무의식에 관하여」, 『정신분석학의 근본개념』, 윤희기·박찬부 옮김, 열린책들, 2004, 179쪽.

여분을 채우려는 성격이 강했다. 그래서 억압기제를 피하는 전문성과 그만한 보상적 가치를 필요로 했다. 그런데 이번 세기의 중독은 그런 전문성이나 공적 가치에 의존하지 않는다. 쓰지도 않을 물건을 클릭해대는 쇼핑중독자, 아이템을 '현질'하려고 대출까지 받는 인터넷 게임 중독자처럼 오늘날의 중독은 억압이 낳은 결여분을 채우려는 보상심리보다는 일상의 자유가 허락하는 잉여분을 축적하려는 과잉심리에 입각한다. 클릭은 전문성을 요하지도 않는다.

오늘날 ADHD, 우울증, 일중독 같은 상이한 증상들이 동시에 대중화된 것은 우연이 아니다. 아무리 달라 보여도 그들 모두는 하나의 동근원적인 질환, 즉 감각 및 행동의 경계가 와해되는 데서 오는 '과잉조절장애'다. 그 본질은 자아와 타자 사이에 확연한 경계선을 긋지 못하는 "결단력의 부재(indecisiveness)"[5]에 있다. 사람들이 오해하는 것과 달리, 우울증은 너무 많거나 적은 관계 때문에 생기는 것이 아니다. 오히려 관계의 끝을 지정할 수 없어서 생긴다. ADHD는 집중력의 결핍 때문에 생기는 것이 아니다. 오히려 집중할 대상의 끝을 정할 수 없어서 생긴다. 과로사도 ADHD의 일종으로 봐야 한다. 과로사는 단지 과도한 노동 때문에 초래되

---

5 — Aaron T. Beck, Depression: Clinical, Experimental, and Theoretical Aspects, Hoeber Medical Division, 1967, chap.2, p.25.

는 것이 아니다. 과로사는 노동의 끝을 지정할 수 없어서 초래된다.

패러다임의 변화에 따라 범죄의 양상도 바뀐다. 과거의 범죄는 경계에 가로막혀 일어났다. 거기에는 억압된 대상을 향한 집요한 갈망이 있었고, 표적의 엄선과 전략의 조직이랄 게 있었다. 반면 오늘날 '묻지마 범죄'에서는 표적이 한정되지 않는다. 그 선택은 '아무나 걸려라' 하는 식이라서 전략도 허술하고 자의적이며, 한 번 시작된 범행은 잘 멈추지도 않아 어이없이 붙잡히기도 한다. 범행을 멈출 경계선조차 없기 때문이다. 오늘날의 범죄는 차라리 악플과 비슷해졌다. 과거의 범죄가 강박적, 집중적, 지능적이라면, 오늘날의 범죄는 편집적, 분열적, 충동적이다. 과잉의 패러다임에서는 악마도 ADHD 환자인 것이다.

이 모든 과잉현상을 법과 제도의 실패만으로 볼 수는 없다. 그게 아니더라도 오늘날 자아의 한계를 철폐하는 것들이 너무 많다. 인터넷은 타인과의 경계를 무너뜨려 '너는 누구와도 친구가 될 수 있다'는 과잉의 가능성으로, 자기계발과 경쟁담론은 능력의 한계를 없애 '너는 뭐든지 할 수 있다'는 과잉의 가능성으로 주체를 부풀리고 들띄운다. 과잉의 패러다임은 능력주의(meritocracy)를 사랑한다. 능력주의가 능력을 기준으로 삼는 체계여서가 아니라, 전능과 무능 이외엔 다른 모든 기준을 깡그리 철폐하는 체계여서다. 서동진의 말대로, 능력주의는 "일에 관한 새로운 표상을 생산한다는 점에서" "일종의 패러다임 전환을 시사"한다.[6] 일반적으로 오늘날의 모든 자기계발주체는 과잉의 패러다임에 속하는 과잉계발주체다. 그는 과잉계발하지 않고 자기계발할 수 없고, 과열경쟁하지 않고 경쟁할 수 없다. 우리가 앞으로 보게 되겠지만 '전능성(omnipotence)'은 과잉의 패러다임을 지배하는 핵심정서다. 과잉충동에는 '나는 뭐든지 할 수 있다'는 과잉가능성으로 충만한 **가상적인 과잉자아**(hyperego)가 반드시 개입한다. 과잉의 패러다임이 자기계발론과 신자유주의를 만난 것은 우연이 아니다. 과잉의 패러다임은 그것을 발명했다.

과잉행동과 충동성을 개념적으로 구분하려는 시도들은 실패한다. 과잉행동의 본질은 충동성이고, 반대로 충동성의 본질은 과잉성이다. 과잉은 그 자체로 경계를 철폐하려는 욕동이자 충동이며, 충동은 그 자체로 과잉만을 내용으로 가진다. 이 시대에 대상을 얻으면 멈추는 그런 적당한 충동이란 없

6 ― 서동진,『자유의 의지 자기계발의 의지』, 돌베개, 2009, 3장, 225쪽.

다. 과잉의 패러다임에서 **모든 충동은 과잉충동이다.** 과잉충동의 대상은 오직 과잉 자체. 게임중독자와 쇼핑중독자가 클릭을 멈출 수 없는 이유다. 묻지마 범죄자가 칼질을 멈출 수 없고, 자기계발 주체가 계발을 멈출 수 없는 이유다. 또 저 고3 학생이 게임을 멈출 수 없었던 이유다.

알프리드 화이트헤드는 근대를 살았던 인간을 의미하는 '주체(subject)'에 대비시켜서, 우주론적 시대를 살아가는 인간을 "자기초월체(superject)"라고 불렀다. 우리는 과잉의 시대를 살아가는 새로운 주체를 '과잉주체(hyperject)'라고 부를 수 있을 것이다. 과잉주체는 주체가 아니다. 주체는 지난 세기 경계의 패러다임을 살아가던 근대적 인간이다. 그가 경계를 통해 누리던 행동과 생각의 조절방식 자체가 과잉주체에게 허용되지 않는다. 그러니, 과잉주체는 주체처럼 행동하고 반응하지 않는다. 그는 과잉행동하고 과민반응한다. 과잉주체는 사유하지 않는다. 그는 과몰입한다. 과잉주체는 상상하지 않는다. 그는 과대망상한다. 과잉주체는 말하지 않는다. 그는 과장한다. 과잉주체는 관계 맺지 않는다. 그는 하이퍼링크한다. 과잉주체는 욕망하지 않는다. 그는 과흥분한다. 과잉주체는 일하지 않는다. 그는 과

로한다. 과잉주체는 숨 쉬지 않는다. 그는 과호흡한
다. 과잉주체는 죽지 않는다. 그는 과로사한다…. 과
잉주체는 억압, 제한, 조절, 간섭 등 모든 저항감을
혐오한다. 과잉에 방해되기 때문이다.

　　　　정신분석학은 그 비약적 발전기에 정신
질환을 크게 두 부류로 분류했다. 강박증은 자아와
양립할 수 없는 대상을 억압하다가 초래되는 신경증
인 반면, 편집증은 억압이 결여되어 자아가 대상에
투사되는 망상증이다. 편집증엔 강박증이 억압을 통
해서라도 지키려 했던 자아와 대상, 현실과 환상의
경계가 철폐되어 있다.[7] 주체는 강박증자다. 그는
자아의 경계를 지키려는 인간으로서 경계의 패러다
임에 속한다. 반면 **과잉주체는 편집증자다**. 그는 자
아의 경계를 허물려는 인간으로서 과잉의 패러다임
에 속한다.

　　　　1927년, 영국의 정신분석학자 안나 프
로이트와 멜라니 클라인은 그 유명한 논쟁을 벌였다.
유아기의 아동 역시 놀이기술로 정신분석될 수 있다
는 클라인 쪽의 주장이 쟁점이긴 했으나, 그 논쟁의
이면엔 아주 심오한 대립이 깔려있다. 안나 프로이트
는 인간이 3~4세 오이디푸스 단계 이후에야 금기와
욕망을 가진다고 보았다. 반면 멜라니 클라인은 인간

---

7 — 지그문트 프로이트, 「신경증과 정신증에서
현실감의 상실」, 『억압, 증후 그리고 불안』,
황보석 옮김, 열린책들, 1997, 207쪽.

은 오이디푸스 단계 훨씬 이전의 유아기부터 넘지 말아야 할 선과 그 너머에 대한 "무의식적 지식"이 있다고 보았다. 편집증을 강박증으로부터의 일탈로만 보던 안나 프로이트로서는 갓난아기를 조금 덜 자란 강박증자로 간주할 수도 있었을 것이다. 그러나 클라인이 볼 때는 정반대다. **모든 아기는 이미 편집증자로 태어난다.** 오이디푸스 단계를 거친 강박증적 주체는 외려 유아기적 편집증을 잘 극복한 상태일 뿐이며, 그전에 이미 갓난아기의 "내적 세계는 자아에 들어찬 무수한 대상들로 구성됨"[8]으로써 자아의 한계를 철폐하고 있고, 그의 모든 인식과 행동은 본질적으로 편집증적이고 그래서 과잉적이라는 것이다. 가령 갓난아기의 투사는 이미 과잉이다. 배부르면 세상은 한없이 "좋은 젖가슴"으로 나타나며, 특히 배고픔은 나쁜 젖가슴의 공격("무수한 박해자들")으로 느껴진다. 언제나 넘쳐나고 득실대는 과잉의 젖가슴들이 있는 셈이며, 이는 다른 신체 부분에 대해서

8 — Melanie Klein, "Mourning and its Relation to Manic-Depressive States"(1940), *Love, Guilt and Reparation*(이하 LGR), The Free Press, 1975, pp.362~363. 1927년 논쟁에서 강박증과 편집증의 문제는 초자아의 문제로 나타나고 있다. 즉 안나 프로이트가 유아의 "초자아는 너무 미성숙하고 너무 의존적"이라고 생각한 반면, 클라인은 유아의 초자아야말로 가혹한 "식인적 초자아"라고 보았다(같은 책, "Symposium on Child-Analysis"; pp.155~157).

도 마찬가지다. 갓난아기에게 하나의 음경이란 없다. "수많은 음경들"의 과잉축적만이 있다. 적당한 망상도 없다. "전능함"이라는 과대망상만이 있다.[9] 안나 프로이트와 달리, 클라인은 갓난아기를 태생적인 과잉주체로 간주한 셈이다.

오늘날의 추세에 비춰봤을 때, 클라인은 옳았던 것 같다. 이 시대의 과잉충동이 주체성의 유아기적 퇴행 없이는 이토록 대대적으로 발발할 수 없다는 점에서 그렇다. 날이 갈수록 유치해지고 동물적이 되어가는 과잉주체는 프로이트 학파의 강박증적 어른보다는 클라인 학파의 편집증적 유아로 더 잘 설명된다는 점에서 그렇다. 실제로 경계선 장애, 공황장애, 정신분열증, 우울증 등은 피해망상이나 이인증 같은 환상을 동반하는 편집증적 질환들로, 지난 세기 강박증적 주체가 겪었던 히스테리나 신경증과는 구분된다. 이 사회는 이미 강박증과 결별했다. 강박은 충동이 아니다.

---

9 — 멜라니 클라인, 『아동 정신분석』, 이만우 옮김, 새물결, 2011, 8, 11, 12장. 클라인에게서 '투사(projection)'와 '내투사(introjection)'는 짝을 이루는 개념이다. 아기는 자신의 일부를 어머니의 몸에 투사하고, 그것을 다시 자기에게 내투사한다. 예컨대 아기는 자신의 입을 투사하여 젖가슴을 깨무는 입과 동일시하고, 그를 다시 내투사하여 자신과 깨무는 입을 동일시한다. 이후 윌프레드 비온은 이러한 투사적 동일시가 인간 사유의 기원이라는 입장을 발전시켰다(『경험에서 배우기』, 12, 19장).

과잉충동이 오이디푸스 콤플렉스나 남근선망에 의존한다고 볼 수는 없다. 과잉충동은 퇴행충동으로서, 개인과 사회를 오이디푸스 이전 단계로 한없이 퇴행시키려는 경향성이다. 차라리 오토 랑크의 말처럼 어떤 경계도 없는 "태내 상황(intrauterine Situation)으로 철수시키려는 경향성"[10]에 가깝다. 남근권력도 지난 세기의 패러다임이다. 그것은 이제 과잉에 방해만 될 뿐이다. 외려 과잉시대의 권력은 자궁선망(womb envy)에 의존한다. 자궁 안에선 모든 경계가 철폐되기 때문이다. "모성성의 결핍은 열등감으로 느껴져서 **억제 없는 충동**으로 발전할 수 있다."[11]

2009년 정부의 강압적인 재개발 사업에 반대하는 세입자들이 빌딩 위에 망루를 짓고 올라가 농성했다. 이내 경찰특공대가 투입되었고, 과잉

10 — Otto Rank, Das Trauma der Geburt, Internationaler Psychoanalytischer Verlag, 1924, p.75. 랑크의 악명 높은 주저다. 그에 따르면, 인간이 자궁으로부터 분리되는 경험이 불안의 원천이 되며(2장), 인간문명의 모든 활동은 자궁으로 돌아가려는 충동에 대한 대응이다(6~8장). 랑크는 프로이트 학파와 결별한다.
11 — Karen Horney, "The Flight from Womanhood: The Masculinity-Complex in Women as Viewed by Men and by Women"(1926), Feminine Psychology, W. W. Norton & Co., Ltd., 1973, p.62. 강조는 인용자.

진압 과정에서 망루에 화재가 나서 여섯 명의 사상자가 발생했다. 화마에 사그라지는 망루. 누군가가 외쳤다. "여기 사람이 있다!" 2014년 어느 방송에서 인터넷 게임에 빠져있는 한 20대 아들을 소개했다. 그의 어머니가 화가 나서 인터넷 선을 끊어버리자 아들은 집 안 물건을 부수고 울화를 터뜨리더니 컴퓨터를 가리키며 외쳤다. "저 안에 사람들이 있잖아!" 이것이 지난 세기의 강박증적 주체와 이번 세기의 편집증적 과잉주체의 차이이다. 20세기의 주체는 추방될까 두려워서 투쟁했다. 반면 21세기의 주체는 추방될 걱정이 없어서 투쟁의 필요도 못 느낀다. 그가 먼저 현실을 "자아 밖으로 추방"[12]했다. 이 때문에 컴퓨터 안에도 사람이 있을 수 있는 것이다. 아마도 저어머니는 아들을 과잉진압할 수 없었을 것이다. 그의 자아가 이미 과잉이라 과잉으로는 못 막는다. 그러니까 지난 세기의 주체가 세계에서 추방될까 두려워 저항했다면, 이번 세기의 과잉주체는 세계를 추방시키지 못할까 봐 과민하여 과흥분한다.

　　　실존주의자나 프롤레타리아 같은 지난 세기의 주체들은 너무 많은 경계에 막혀 몸부림쳤다. 몸부림쳐야 저항도 하기 때문이다. 그들은 "족쇄 이외에 아무것도 잃을 것이 없다."[13] 반면 이번 세기의

12 — 지그문트 프로이트, 「플리스에게 보내는 편지」[원고 H 편집증(1895년 1월 24일)], 『정신분석의 탄생』, 임진수 옮김, 열린책들, 2005, 73쪽.
13 — 카를 마르크스·프리드리히 엥겔스, 「공산주의당 선언」, 『칼 맑스 프리드리히

과잉주체들은 경계가 너무 없어서 몸부림친다. 몸부림쳐야 더 과잉하기 때문이다. 그들은 잃을 족쇄조차 없다. 과잉은 팽창적이다.

모든 과잉주체는 나르시시스트다. 편집증자이기 때문이다. 자아와 세계의 경계가 철폐되었는데도 과잉하지 않을 수 있는 겸손한 과잉주체란 없다. 아무리 겸손하고 수줍은 행동도 "투사의 남용"[14]이라서 이미 과잉이다. 심한 경우 그는 "자신의 피부를 경계(skin-boundary)로 받아들이는 능력을 상실한다."[15] 대출이자도, 월세의 압박도, 경찰의 호각 소리도, 엄마의 잔소리도, 어떤 현실의 윤리도 이 결론을 막을 순 없다. 과잉주체는 자신의 자아를 이미 현실에 두지 않기 때문이다. 모든 과잉주체는 하이퍼리얼리스트다.

과잉충동의 궁극적 효과는 양극성(bipolarity)이다. 전능성을 "마술적 치료제"[16]로 찾는 과잉에의 충동은 반드시 가상과 현실의 분열을

엥겔스 저작선집 1』, 최인호 외 옮김, 박종철출판사, 1991, 433쪽.

14 ― 지그문트 프로이트, 「플리스에게 보내는 편지」[원고 H 편집증(1895년 1월 24일)], 『정신분석의 탄생』, 71쪽.

15 ― 도널드 위니캇, 「유아의 성숙과정에서 본 정신장애」(1963), 『성숙과정과 촉진적 환경』, 이재훈 옮김, 한국심리치료연구소, 2000, 344쪽. "그들은 환경이 비현실적이라고 느낀다."(같은 곳)

16 ― 카렌 호르나이, 『자기분석』, 이태승 옮김, 민지사, 1987, 8장, 275쪽. 경계선 성격장애 사례를 분석하는 부분.

포함한다. 그 뒤로 전능과 무능, 팽창과 위축, 승자와 패자, 갑과 을, 합의와 배제, 국민과 비국민, 절대선과 절대악… 이 시대의 양극성이 줄을 선다. 양극성은 건설적 갈등과는 아무런 상관이 없다. **양극성은 분열이고 해리다**. 그것은 극단적 이분법만을 고착시키고, 그로써 개인뿐 아니라 사회 전체를 "이상화(idealization)와 평가절하(devaluation)의 양극단을 오가는 것으로 특징지어지는 불안정하고 격렬한 대인관계의 패턴"[17]으로 재편하고 정신발달을 둔화시킨다. 과잉사회는 양극화 사회다.

경계감의 해체는 **판단력의 해체**를 불러온다. 과잉의 폭력성은 여기서 나온다. 과잉공급은 공급이 아니다. 과잉공급의 핵심은 더 많은 선택지를 주는 것이 아니라, 어떤 선택이 좋고 나쁜지를 모르게 된다는 데에 있다. 과몰입은 몰입이 아니다. 과몰입의 핵심은 더 집중하는 것이 아니라, 어떤 것을 집중하고 분산할지 모르게 된다는 데에 있다. 하이퍼링크는 링크가 아니다. 하이퍼링크의 핵심은 더 링크하는 것이 아니라, 어떤 것을 링크하고 차단할지 모르게 하는 데에 있다. 하이퍼미디어는 미디어가 아니다. 하이퍼미디어의 핵심은 더 진짜 같은 것이 아니라, 어떤 것이 진짜인지 가짜인지 모르도록 하는 데에 있다. 과잉경

---

17 ─ APA, 『정신질환의 진단 및 통계편람』(제5판), 권준수 외 옮김, 학지사, 2015, 경계선 성격장애 부분, 723쪽.

26

쟁은 경쟁이 아니다. 과잉경쟁의 핵심은 경쟁의 목적이 무엇인지 알지 못하도록 하는 데에 있다. 과잉노동은 노동이 아니다. 과로의 핵심은 더 많이 일하는 것이 아니라, 얼마나 더 하고 덜 하는지 모르도록 하는 데에 있다. '칼퇴근'이란 말은 우리가 더 이상 경계 긋는 칼을 가지고 있지 못함을 지시한다.

　　　　최악의 경우, 과잉은 무엇이 좋은 경계고 나쁜 경계인지, 무엇이 합의고 배제이며, 보호고 방치인지, 누가 적이고 친구인지, 심지어 경계가 있는지 없는지조차 판별하지 못하게 함으로써 "대중들은 지난 십여 년간 한계지대로 추방되어 왔다"[18]는 사실조차 인식하지 못하게 만든다. 그로써 **주권자도 과잉주체가 된다**. 과잉은 정치와 결코 무관하지 않다. 거꾸로 과잉은 자신이 정치인지를 판별하지 못하도록 정치혐오증과 극단주의를 양산해낸다.

　　　　철학자 박이문은 인간의식의 원초적인 경계 짓기에 의해 "구별되는 모든 것들이 궁극적으로는 단절되지 않는다"고 말한다.[19] 과잉의 패러다임은 이를 거꾸로 한다. 여기서는 모든 것이 단절되어 있지만 궁극적으로는 구별되지 않는다.

---

18 — 고병권, 『추방과 탈주』, 그린비, 2009,
1부 1장, 24쪽.
19 — 박이문, 『둥지의 철학』, 소나무,
2013, 3장 2절, 106쪽. 잘 알려진 대로,
박이문은 이런 원초적 경계 짓기를 "존재-
의미 매트릭스"라고 부른다. 그에 의해 "모든
현상·자연·우주는 존재론적으로 연속적이며,
인식론적으로는 단절적이다."(105쪽)

오늘날 뭔가가 지나치게 많다는 것은 정확한 문제의식이 아니다. 문제는 뭐가 많고 적은지를 **판별하는 기준 자체를 점점 잃어간다**는 데 있다. 지나침과 적당함을 가리는 정의 자체를 잃어간다는 데 있다. 경계감의 소실은 자기효능감과 성취감을 소실시키고, 결국 목적의 상실로 이어진다. 너무 많은 대상들이 과포화되어 있으나, 바로 그 때문에 진짜 대상(목적)은 분별할 수 없다.

그러니 과잉의 패러다임은 존재의 위기를 의미한다. 과잉주체는 20세기까지 가능했던 존재론에 쉽사리 걸려들지 않는다. 존재론 역시 경계의 패러다임이기 때문이다. 실제로 20세기 존재론까지도 **존재는 경계로 정의된다**. 사르트르와 레비나스에 따르면, "존재는 자기의 저 너머에 있다."[20] 인간의 의식이란 "끊임없는 넘어뛰기(dépasse-ment)"[21]다. 그러니까 "존재란 무가 한계 짓는(limité) 내용이다."[22] 여기서 존재는 무와의 투쟁이 된다. 죽음은 존재의 둑방에 "구멍"[23]을 뚫어 존재를 누수시키는 게릴라 같은 것이고. 존재의 경계

20 — 장 폴 사르트르, 『존재와 무』, 손우성 옮김, 삼성출판사, 1977, 1권, 서론 6절, 83쪽.
21 — 같은 책, 1권, 2부 1장 3절, 206쪽.
22 — 에마누엘 레비나스, 『존재에서 존재자로』, 서동욱 옮김, 민음사, 2001, 3장, 106쪽.
23 — 장 폴 사르트르, 『존재와 무』, 1권, 3부 1장 4절, 439쪽.

에 구멍 뚫림, 그것이 불안이다. 실존주의의 '구토'는 불안의 언어다. 존재가 불안과 공포를 가지는 한에서 존재한다는 것은, 존재가 무와의 투쟁전선을 통해서만 존재임을 의미한다. "나는 이런 경계(limite)이다."[24]

　　　그러나 과잉주체는 그런 투쟁이 싫다. 경계가 싫기 때문이다. 그래서 그는 경계를 없애 투쟁까지 없애려고 한다. 과잉주체는 경계를 허물고 존재를 빨아들여 저수하고 범람시킨다. 구토할 일도 점점 없어진다. 경계가 없으니 구멍 뚫릴 일도 없다. 경계를 모르니 구멍이 뚫려도 모른다. 과잉주체는 존재한다고 말할 수도 없을 것이다. 그는 존재하는 대신 **들뜨고**(hyper) **부푼다**(inflate). 그 거품이 불안을 가린다.

　　　오늘날 우리가 죽음에 무뎌지고, 죽음이 다가오는 것조차 감지하지 못하는 것은 구토의 능력을 점점 잃어가기 때문이다. 과잉주체는 구토하는 대신 밀린 일감을 소화하고 에너지드링크를 들이키며 스스로를 집어삼킨다. 과로사는 으레 자각증상 없이 돌연 일어난다. 토사물이 목구멍을 넘을 경계조차 없는 것이다. 오늘날 거론되는 안전 담론은 구토능력이 건재해서가 아니라, 구토능력이 결핍되어서 일어

---

24 ─ 같은 책, 2권, 3부 3장 2절, 161쪽.

난다. 구토가 안 되니 말로 하는 것이다.

사람들은 이 사회에 불안이 넘쳐난다고 말하지만, 이는 사실이 아니다. 과잉의 패러다임은 더 많은 불안을 야기하기는커녕 외려 안전의 문제로 불안을 은폐하고 소거하기에 더 문제가 된다. 불안은 존재와 무의 경계를 전제한다. 반면 과잉은 경계를 철거함으로써 **불안도 제거한다**. 사람들이 오해하는 것과 달리, 공황장애 환자는 불안이 너무 커서 방향 감각을 잃는 것이 아니다. 그는 불안의 대상을 특정할 수 없어서 방향을 상실한다. 우울증 환자 역시 너무 불안해서 자살하는 것이 아니다. 그는 특정 불안을 가려낼 수 없어서 자살한다. 우울증 환자에게 자살은 "외부 세계와 딱 잘라 단절"[25]함으로써 그가 잃었던 경계를 되찾으려는 마지막 몸부림이다.

이것이 과잉의 가장 큰 존재론적 폐해다. 과잉을 살아가는 우리는 이제 존재와 무, 삶과 죽음조차도 판별해내지 못한다. **불안해할 수 있는 능력** 자체를 잃어간다. 과잉이 모든 구멍을 메우고 덮는다. 많은 경우 경계선 장애는 우울증과 결합되며 25퍼센트는 자살 시도를 한다. 2019년 과잉행동장애의 치료제인 메틸페니데이트를 처방받은 환자는 13만 4000명에 육박한다. 공황장애 환자는 60만

---

25 — Melanie Klein, "A Contribution to the Psychogenesis of Manic-Depressive States"(1935), LQR, p.276. "자살을 통해 실재 대상을 그 자신으로부터 분리하고자 한다."(같은 곳)

명에 달한다. ADHD와 공황장애도 지속될 경우 우울증으로 발전한다. 30퍼센트 이상의 학령기 아동이 우울증에 시달린다. 우울증 환자 중 1퍼센트는 자살로 사망한다. 과로로 인한 사망자는 2010년부터 2018년까지 1512명에 이른다. 그나마 산업재해로 인정되어 통계에 반영된 경우다. 이번 세기, 과잉은 창궐했다.

　　　대출이자가 월급의 반을 까먹는데도 충동구매를 멈추지 않는 쇼핑중독자, 길거리의 행인이 표적으로 보이는 게임중독자, 글씨를 쓰다 틀리면 종이 자체를 찢어버리는 초등학생, '나는 뭐든지 할 수 있다'고 외치며 묘비명을 미리 써보는 자기계발 프로그램의 수강생들, '나는 누구에게도 관심받을 수 있다'고 외치며 표백제를 들이키는 인터넷 관종들, 버림받는 게 두려워 먼저 버리면서도 그래도 상처는 최소화했노라 정당화하는 연인들, 목숨을 걸고 앞차를 추격하는 보복 운전자들, 목숨을 걸고 매분 매초를 주파해야 하는 배달원들, 밤낮을 가리지 못한 채 자기 자신과 싸우고 있는 일중독 노동자들, 길을 걷다 난데없이 패닉에 휩싸여 난 누구고 여기는 어디인지를 망실하는 사람들… 우리 모두는 이미 이 사회가 유도하는 **경계 없는 거대한 공허**와 전쟁 중인 과잉주체들이다. 그토록 많은 자유와 가능성 속에서도 존재가 누수되고 있음을 쉽사리 알지 못한다. 이미 과잉이라 새어나가도 티가 안 나기 때문이다. 그토록 많은 편의와 보건 서비스에도 자신이 죽어가고 있다는 것조차 쉽사리 알지 못한다. 이미 과잉이라서 없어져도 티가 안 나기 때문이다.

과잉은 무한에의 매혹이다. 모든 과잉주체가 병리학적으로 과대망상증자는 아닐 것이다. 그러나 모든 과잉주체는 자신의 존재가 결핍 없이 영원히 충만할 거라는 존재론적 과대망상증의 피해자다. 그는 죽음에 대해서도 주의력 결핍증 환자다. 동시에 활력과 무력을 판별할 수 없는 양극성 장애 환자이기도 하다. 과잉주체는 과잉충동의 수혜자인 동시에 피해자다.

지난 세기, 호모 사케르는 적어도 삶과 죽음을 판별할 줄 알았다. 그는 삶과 죽음의 "경계(threshold)"[26]에 버려진 경계의 인간이었다. 살아도 살지 않았고 죽어도 죽지 않았으므로 그는 끊임없이 존재를 경계 짓고 투쟁했고 희생했다. 그는 양극성 장애를 알지 못했다. 질서의 "양극단"[27] 중 한 극단에 버려졌으므로 양극 간의 거리를 정확히 재는 것이야말로 그의 생존술이었으니까. 그러나 이번 세

---

26 — 조르조 아감벤, 『호모 사케르』, 박진우 옮김, 새물결, 2008, 1장 1.7절, 79쪽.
27 — 같은 책, 2장 3.3절, 178쪽. "주권자와 호모 사케르는 법질서의 양극단에 위치한 두 가지 대칭적 형상들로서 동일한 구조를 갖고 있으며 서로 결합되어 있다."

기, 과잉주체는 더 이상 삶과 죽음, 활력과 무력, 자유와 속박, 과잉과 결핍을 판별할 수 없다. 그는 경계에 버려지지 않았다. 그가 경계를 먼저 버린다. 질서의 양극단에 한꺼번에 위치하므로 그에게 양극단을 진동하는 양극성 장애는 천성이자 운명이다. 과잉주체는 더 이상 살고 싶어도 살 수가 없고, 죽고 싶어도 죽을 수가 없다. 경계가 없어 살수록 죽고 죽을수록 살기 때문이다.

이번 세기, 호모 사케르란 없다. 우리는 모두 과잉주체들이다. 언제 어디서 멈춰야 할지, 또 어떻게 멈춰야 할지를 점점 망각해가며, 과잉만을 보고 듣고 먹고, 과잉만을 사랑하며, 자기 자신도 과잉으로만 자각하는 '호모 히페르(homo hyper)'다. 우리는 이제 과잉이 아니라면 살 수도 죽을 수도 없다. 과잉이 아니라면 기쁠 수도 슬플 수도 없다. 누구도 이를 빠져나갈 수 없다. 빠져나가는 것도 과잉이기 때문이다.

33

2

집단 '주의력결핍장애'에
걸린 한국사회

ADHD(주의력 결핍 과잉행동 장애) 아동은 단지 부주의한 것이 아니다. 그가 부주의한 것은 주의력이 오만 군데로 뻗어나가 그에게 오는 자극들 전체를 포괄하려고 하기 때문이다. 이는 공간뿐만 아니라 시간에 대해서도 마찬가지다. ADHD 아동은 작은 소리에도 반응해 밥 먹던 것도 잊어버리고 뛰어나가거나, 옷을 입히기도 전에 미리 신발을 신으려고 한다. ADHD 아동은 단지 산만한 것이 아니라, 하던 일을 잊어버리거나 앞으로 할 일을 미리 하는 것이다. "사전숙고가 결여된 **순간 안에**(in the moment)"[28] 일이 시작되었던 과거와 일이 끝날 미래가 분별되어 있지 않다. ADHD는 시간장애다. 주의력 결핍증이기 전에 "시간결핍증"[29]이다. ADHD 환자는 과거와 미래를 가를 수 없는 영원한 현재(nunc stans), **경계 없는 순간**(instant)에 감금되어 있다.

　　　　과잉의 패러다임에서 시간이란 순간이다. 순간 없이 어떤 과잉행동도 일어나지 않는다. 모든 과잉행동이 순간적으로 일어난다는 것은 그것이 이미 순간의 효과임을 말해준다. 오늘날 우리는 어제를 잊은 듯이 일하고, 내일이 없는 듯이 논다. 그러나 이는 우리가 더 잘 놀게 되었기 때문이 아니라, 노는 것도 일처럼 과잉하게 되었기 때문이다. 순간이 어제

28 — APA, 『정신질환의 진단 및 통계편람』(제5판), 권준수 외 옮김, 학지사, 2015, 주의력 결핍 과잉행동장애 진단기준, 63쪽.
29 — 강수돌, 『일중독 벗어나기』, 메이데이, 2007, 3장, 64쪽.

와 내일, 활동과 휴식의 경계를 철폐한다.

　　　　물론 지난 세기에도 과로와 과소비가 있었으나 과잉행동으로 이어지진 않았다. 과거와 미래라는 경계선이 그를 막는다. 가령 프롤레타리아는 어제를 잊은 듯이 과로할 수 없었다. 어제를 기억해야 내일의 혁명도 커지니까. 부르주아도 내일이 없는 듯 과소비할 수 없었다. 내일이 있어야 어제의 질서도 더 길어지니까. 그는 아무리 흥청망청 놀아도 잠은 잤다. 내일이 와야 또 출근도 하고 돈도 더 벌 테니까.

　　　　그러나 오늘날의 상황은 너무 다르다. 자본과 노동의 유연화는 일과 휴식, 낮과 밤의 경계를 허물어 '24시간 사회'를 만들었고, 온라인과 오프라인의 경계를 허물어 서비스 제공 시간을 분과 초 단위로까지 쪼개는 '플랫폼 사회'를 만들었다. "시간의 순차성과 주기성은 중요하지 않게 되었다."[30] 더구나 스마트폰의 발전으로 우리는 이제 일감을 일터 밖으로도 지고 나가며, 밤낮없이 울려대는 매분 매초가 출근을 알린다. 이제 우리는 출근을 하려야 할 수가 없다. 퇴근한 적이 없기 때문이다. 자고 싶어도 잘 수가 없다. 밤이 없어졌기 때문이다. 해고조차 없다. 해고를 대체하는 것은 '무기한 무급휴직'이다. 시간은 어제와 내일이라는 경계선을 잃고서 **동일한 오늘**

---

30 ― 김영선, 『과로사회』, 이매진, 2013, 3장, 117쪽. "24시간 사회는 모든 소비가 무제한 가능한 공간이다."(121쪽)

이 반복되는 순간들로 파편화된다. 여기에 출근과 퇴근은 따로 없다. 어제와 오늘이 따로 없기 때문이다. 여기에는 시간 자체가 없다. 매 순간이 근무시간이다. 이번 세기, **우리는 퇴근하는 순간 출근한다**.

'순삭(순간 삭제 또는 순식간에 삭제되었다는 뜻)'이라는 신조어는 이러한 패러다임 변화를 너무도 잘 요약한다. 순간은 순삭한다. 시간의 경계를 삭제함으로써 시간의 흐름 자체를 삭제한다. 사물과 사건의 지속성은 증발되고, 그와 함께 인간도 기다림의 미덕을 잃어간다. **모든 과잉충동은 순삭충동이다**. 과잉주체는 순간만이 그에게 남은 모든 시간이기에 과잉행동한다.

오늘날의 과잉행동(일중독, 지름신, 관종, 막장, 묻지마 범죄, 악플…)은 지난 세기의 행동 패턴에 비해 단지 정도가 지나친 것이 아니다. 거기에는 지난 세기의 패러다임으로는 설명할 수 없는 부조리함, 상황 판단의 절대적 결여, 예비 동작 없는 돌발과 폭발이 있다. 과잉행동은 과거-현재-미래라는 시간이 꼬이거나 끊어지면서 발생한다. **ADHD는 순삭병이다**. 돌아볼 과거와 내다볼 미래의 삭제를 통한 시간감각의 해체다. 시간감각의 해체는 상황감각의 해체를 불러온다. 시간의 분별을 잃으면 사리분별도 잃는다.

오늘날 ADHD는 병리학적 원인을 가져야만 하는 특정 질환이 아니라, 언제 어디서든 일어날 수 있는 상태나 패턴이 되었다. 이제 순삭은 문화이자 도덕이다. ADHD는 멀리 있지 않다. 그것은 이미 당신의 일터와 집에, 컴퓨터와 핸드폰 안에, 당신 곁에 심지어 당신 몸속에도 있다. 온라인에서 현재가 아니라 미래에 받게 될 '좋아요'에 맞춰 셀카를 찍고 피드를 꾸며내는 경향, 오프라인에서도 "현재 수입에 기초하는 게 아니라 미래의 소득에 맞춰 소비하는 경향"[31]은 옷을 입기도 전에 신발부터 신으러 알몸으로 뛰어나가는 ADHD 아동의 행동 패턴과 크게 다르지 않다. 모든 과잉주체는 반드시 ADHD 주체다.

일중독도 ADHD의 일종으로 봐야 한다. 단, 그것은 사회가 유도하는 ADHD다. "끊임없이 활동"하고 "모터가 달린 것처럼"[32] 일한다는 것은 이미 어제와 내일을 잃었음을 의미한다. 일중독에서 나타나는 '마스킹 효과(masking effect)' 역시 순간화의 효과로서, 실제로 중증 일중독의 경우 외부 세계에 대한 주의력 급감뿐만 아니라 시간감각의 소실까지 관찰된다. 어제 했던 업무를 반복하기도 하

---

31 — 같은 책, 3장, 103쪽.
32 — APA, 『정신질환의 진단 및 통계편람』(제5판), 주의력 결핍 과잉행동장애 진단기준, 62쪽. "태엽 풀린 자동차처럼"으로 번역되어 있지만, 원문은 "driven by a motor"다.

38

고, 때로는 필름이 끊기기도 한다. 여성의 경우 생리 주기가 틀어지기도 한다. 자신이 얼마나 망가져가는지도 알지 못한다. 순간이 그 모든 시계의 초침들을 '순삭'한다. 일중독자는 일터에서 잘리지 않으려고 과잉노동하는 것이 아니다. 순간을 자를 수 없어서 과잉노동하는 것이다. 일중독은 순간중독이다.

　　실제로 ADHD는 각성조절장애를 동반해 불면증을 야기한다. 일중독 역시 뇌를 항상적인 각성상태로 만들어 주체를 밤이 없는 불면의 순간으로 몰아넣는다. 밤이 없으니 날이 바뀌지도 시간이 흐르지도 않는다. 순간은 잠들지 않는 영원한 오늘이다.

　　그러니, 순간을 극히 짧은 시간이라고 오해해선 안 된다. 순간은 몇 시간부터 며칠, 몇 달, 몇 년까지도 연장될 수 있으며 그럴수록 파괴력은 배가된다. 2018년, 한 택시기사가 잠에서 깨어나지 못했다. 그의 운행일지에 따르면 그는 3년간 매일 하루에 600킬로미터씩 운행했다. 그에겐 하루가 24시간이 아니었다. 택시의 하루 적정운행량을 250킬로미터라고 본다면, 그는 거의 7년을 찰나에 살아낸 셈이다. 그 찰나를 뺀 나머지 시간은 순삭되었다.

엄밀히 말해, 과로사의 직접적 원인은 장시간 노동 자체가 아니라, 장시간 진행되어야 할 노동을 한순간에 치르게 한다는 데 있다. 24시간을 24시간으로 놔두지 않고, 야간시간을 수면시간으로 놔두지 않으며, 몸이 보내는 위험신호를 주의할 겨를조차 남겨두지 않는다는 데에 있다. 과로사는 사회가 유도하는 '주의력 결핍 과잉행동사(Attention Deficit Hyperactivity Death)'다. 모든 과잉주체는 **인스턴트 주체**다. 그가 한 번 쓰이고 잘리는 주체라는 의미가 아니라, 한 번 시작되면 잘리지 않는 인스턴트(순간)에 예속된다는 의미에서 그렇다.

관종 현상은 가장 뜨거운 ADHD 증상이다. 나르시시즘이 극대화된 ADHD이기 때문이다. 관종은 관심을 더 받는 일이라면 역사도 불안도 모두 순삭할 준비가 되어 있다. 신분이나 지위를 속여서 인플루언서가 되기도 하고, 폭행과 범죄마저 스트리밍하고, 먹방을 하다가 질식사하기도 하며, 멋진 셀카 한 장을 위해 맨손으로 빌딩벽을 기어오르다 추락사하기도 한다. 정말이지, 관종은 어제가 없는 듯 '드립'을 치고 내일이 없는 듯 '어그로'를 끈다. 그도 그럴 게 인터넷과 SNS엔 정말로 어제와 내일이 없다. 업데이트되는 순간 아웃데이트된다. **인스턴트 정**

체성이 아니면 못 배긴다. 2020년, 한 유튜버가 뚜렛증후군 환자인 척하는 영상으로 조회 수를 올리다 들통이 나서 계정을 삭제했다. 그렇게 사라지는가 싶더니 래퍼로 변신해 다시 나타났는데, 그가 읊조리는 한 가사가 이 시대의 시간성을 너무도 잘 표현하고 있다. "The sun rests, but I'm not rest(태양은 쉬어도 나는 쉬지 않는다)." 인스턴트 정체성도 퇴근과 출근이 따로 없다.

시간이 자꾸 순간화되는 경향은 위기론이나 자기계발론의 유행과 무관하지 않다. 서동진의 분석에 따르면, 20세기 말부터 위기론은 현재를 과거가 반복되는 '위기'로, 자기계발론은 현재를 미래가 창조되는 '기회'로 간주함으로써 순간을 절대화하고 내면화해왔다. 한 자기계발 프로그램은 사회가 정해주는 출퇴근 시간을 "시간 감옥"이라고 규정하며, 그로부터 해방되려면 스스로 짠 "일일 경영 목표"에 따라 매분 매초를 스스로 경영하라고 종용한다. 잘만 한다면, "당신은 당신 인생의 주인공이며 최고경영자임을 **순간순간** 확인할 수 있다."[33]

일이 인스턴트가 됨에 따라 인간관계도 점점 인스턴트가 되어간다. '인스턴트'란 용어를 단지 쉽게 만나고 버린다는 통념적 의미로만 이해한

---

33 — 서동진, 『자유의 의지 자기계발의 의지』, 돌베개, 2009, 4장, 342쪽, 328쪽에서 인용 및 재인용, 354~361쪽.

다면, 오늘날 점점 가벼워지는 인간관계에 내재된 ADHD의 본질을 놓치게 된다. 오늘날 관계가 가벼워지는 것은 상대를 만나기도 전에 뭔가를 기대하기 때문이고, 알기도 전에 그를 예단하기 때문이다. 이렇게 우리는 관계에서 미래를 순삭한다. 약속이나 책임 같은 진중한 관계를 회피하는 것은 관계 자체가 역사가 되는 게 싫기 때문이다. 이렇게 우리는 관계에서 과거를 순삭한다. 그렇게 관계는 어제도 내일도 지워진 에피소드들의 나열이 된다. 그러나 이런 과열과 급랭의 진동은 뚜렷한 이유도 없는 불만과 짜증만을 남기며, 이 역시 ADHD 아동의 감정 패턴과 크게 다르지 않다.

특히 사랑이 인스턴트가 된다. 에바 일루즈는 오늘날의 사랑이 "계약"이나 "등가성" 같은 이성의 원리에 의해 "합리화"되는 방향으로 변해간다고 진단한다.[34] 하지만 합리화의 경향이 증대되는 것은 그것이 방어해야 할 비합리성과 충동의 경향이 그만큼 증대되기 때문이다. 억지로 경계를 지으려는 것은 그만큼 경계가 허물어지고 있기 때문이다. 일루즈는 계약이나 등가성 개념에 숨어있는 계약파기나 부등가 교환 같은 부조리함과 충동성에 대해서는 고려하지 않는다. 오늘날 사랑에 계약이나 등가교

---

34 — 에바 일루즈, 『사랑은 왜 아픈가』, 김희상 옮김, 돌베개, 2013, 4장, 315~356쪽.

환의 원리가 자꾸 개입되는 이유는 우리가 사랑조차 순삭하려 하기 때문이고, 사랑에서 절정의 순간들만을 남기려 하기 때문이다. 그로써 사랑 또한 원나잇 섹스와 대인기피증이라는 양극단만을 진동하는 양극성 장애 환자가 되어 간다.

그런 점에서 리셋증후군은 순삭충동의 대표적인 증상일 것이다. 리셋증후군 환자는 시간의 흐름을 감내하느니, 차라리 시간을 잘게 쪼개서 파편화된 순간들로 흩뜨리고자 한다. 리셋증후군은 순삭증후군이다. 꼭 인터넷 게임에 중독되어 길거리에서 사람들을 찌르고 다녀야 리셋증후군 환자인 것은 아니다. 사랑의 시간을 감내하느니 차라리 그를 리셋하여 SNS 타임라인의 파편화된 에피소드들로 흩뜨리려는 우리 모두가 이미 리셋증후군 환자들이다. 여기엔 어떤 합리성도 없다. 순삭은 합리성이 아니다. 과잉된 사랑은 사랑이 아니다.

사랑은 의식을 넘어서는 무의식의 교류다. 그런 점에서 사랑은 "의식과 무의식의 장벽"을 전제한다. 윌프레드 비온은 꿈이 "무의식의 산물이 아니라, 무의식과 의식을 만들어내는" "접촉장벽 (contact-barrier)"[35]이라고 말한다. 순간은 그

---

35 ― 윌프레드 비온, 『경험에서 배우기』, 윤순임 옮김, 눈출판그룹, 2013, 7장 3절, 49~50쪽. '접촉장벽'은 '꿈 사고(dream thoughts)'를 해명하는 비온의 핵심 개념이다. 그에 따르면, 접촉장벽은 의식과 무의식을 분리하면서도 소통시키는 투과막처럼 기능하며, 그로써 "접촉장벽은 관계에 대한

런 장벽을 철폐함으로써 사랑까지 불가능한 것으로 만든다. 꿈의 공유 없이, 함께 뛰어넘을 장벽 없이 사랑이란 없다. 거기에는 교류될 무의식 자체가 발생하지 않는다.

순간을 권장하는 사회는 ADHD 사회다. 오늘날 시간이 순삭되고 있다. 순간은 지난 세기 패러다임이 그럭저럭 지켜왔던 시간의 경계들을 철폐함으로써 시간 자체를 삭제한다. 이제 인스턴트는 시대정신이다. 더구나 순간은 내면화되었다. 배달앱과 카톡방을 통해 매분 매초 업무지시를 받는 플랫폼 노동자만 타임 푸어(time poor)가 아니다. 일터뿐만 아니라 여가, 소비, 미디어, SNS, 대인관계에 이르기까지 마음속 순간의 명령에 따라 순간적으로 말하고 생각하고, 순간적으로 사고팔고, 순간적으로 욱하고, 순간적으로 증오하고, 순간적으로 사랑하는 우리 모두가 '존재론적 타임푸어'들이다.

순간은 인간에게서 되돌아보는 능력, 시간의 앞뒤를 가리는 능력을 박탈한다. 순간은 반성(reflect), 휴식(recess), 기억(remind) 같은 행동을 싫어한다. Re라는 접두사는 죄다 싫다. 'Re-'는 되돌아보고 판별하여 경계를 확정하는 행동으로서 과잉을 멈춰 세우기 때문이다. 특히 순간은 저항

믿음이 지속되는 것을 허용한다."(10장 4절, 66쪽)

44

(resist)을 경멸한다. 순간에 갇힌 주체는 저항값 ∅인 도선을 폭주하는 전류와도 같다. 순간의 형상은 문자 그대로 '플랫폼(platform)'이다. 그 평평함이 충동의 브레이크를 부순다.

　　　'지름신'이란 용어는 의미심장하다. 순간 안에서 우리는 그저 지를 수 있을 뿐이다. **순간이 지름신이다.** 과잉의 패러다임은 노예제다. 과잉주체는 순간의 노예들이다. 그는 평온하게 살다가도 순간적으로 지름신에 접신한다. 일도 사랑도 '지른다'.

　　　그렇다면 저 접신이 접속은 아닐까? ADHD 대중화의 신경행동학적 조건은 디지털 미디어의 형식에서 찾아볼 수 있을 것이다. 연속체를 절단하여 차원성을 획득하던 아날로그와 달리, 디지털은 그를 "∅차원적인 미립자들"[36], 즉 비트(bit)로 잘게 쪼개서 차원 자체를 철폐한다. 비트는 차원을 순삭한다. 순간은 디지털적이다. 그러니까, 순간은 시간의 비트다. 그것은 시간을 ∅차원의 점들로 해체하여, 주체를 과잉(1) 아니면 과소(∅)라는 양극화로 몰고 간다. **순간은 0차원의 감옥이다.** ∅차원의 감옥은 ∅차원의 인간을 만든다. 빌렘 플루서가 디지털 시대의 인간을 "디지털 분산"이며 "점의 가능성"[37]이라고 썼을 때, 그것은 어제와 내일이 망실되는 ∅차원에 감금

---

36 ― 빌렘 플루서, 「분산과 집합」, 『피상성
예찬』, 김성재 옮김, 커뮤니케이션북스,
2004, 267쪽.
37 ― 같은 책, 「디지털 가상」, 300~301쪽.

45

되어 동일한 순간만을 반복하는 ADHD 주체를 지시한 것에 불과하다.

정말이지, 순간은 클릭을 닮았다. 클릭하면 시간은 켜지고, 다시 클릭하면 시간은 꺼진다. 일중독 회사원이 업무를 질주할 때 책상 너머로 어렴풋이 보이는 세상, 지름신이 강림하신 쇼핑중독자가 인터넷쇼핑몰 윈도우로 슬쩍 가려놓은 통장 잔고와 대출기한, 인증샷을 위해 맨손으로 빌딩벽을 기어오르는 SNS 관종의 시야 뒤로 존재할 중력과 육체, 리셋증후군 환자가 마주 보는 상대방과 그에 대한 기억 모두는, 클릭, 순삭된다. 물론 클릭의 권한은 그들에게 없다.

강수돌의 분석대로, 순간은 흥분제, 진정제, 위장제 등의 어떤 매개적 기능을 가진다.[38] **순간은 미디어다**. 흥분과 마취의 순간을 통해서만 소속감을 준다는 점에서 그렇다. 미디어학자들은 '뜨거운 미디어'와 '차가운 미디어'를 구분하곤 한다. 순간은 뜨거운 미디어 중에서도 '초-뜨거운(hyper-hot)' 미디어다. 과잉주체를 뜨겁게 달구어 식지 못하도록 하니까. 그에게 냉각이란 모든 시간의 끝, 죽음을 의미할 뿐이다. 과잉의 패러다임에서 시간은 흐르지 않는다. 시간은 '하얗게 불태워진다'. 순

---

38 — 강수돌, 『일중독 벗어나기』, 1장, 42~43쪽. 강수돌은 일중독의 세 가지 유형(프리랜서형, 블루칼라형, 햄릿형)을 구분하고 일의 세 가지 기능(흥분제, 진정제, 위장제)을 대응시킨다. 집단 일중독에 대해서도 분석한다(110~131쪽).

간은 "결코 지지 않는 태양"[39]이다. 여기는 밤이 없다.

　　　　스마트폰과 컴퓨터 같은 디지털 기기들이 ADHD를 야기한다고 말하는 것으로는 부족하다. ADHD가 행동치료와 교육으로 호전될 수 있다는 의학적 사실은 ADHD가 이미 사회적 관계의 한 유형임을 말해준다. 만약 대인관계나 정치체제가 쇼핑 앱이나 카카오톡처럼 돌아가는 사회가 있다고 한다면, 스마트폰 없이도 ADHD는 발병했을 것이다. 그러니 오늘날 사회의 일부가 ADHD를 야기하는 것이 아니라, 사회 전체가 ADHD와 동형적이 되어 간다고 말해야 옳다.

　　　　순간이 디지털적이어서 인터넷 쇼핑과 게임에 중독되는 것이지 그 역이 아니다. 순간이 ∅차원이기에 일중독이 발병하는 것이지 그 역이 아니다. 순간이 1과 ∅으로 양극화되어 있어서 리셋증후군이 발병하는 것이지 그 역이 아니다. 순간이 분산적이기에 사랑이 얄팍해지는 것이지 그 역이 아니다. 클릭의 형식을 제거해보라. 분명히 인터넷 중독은 하루아침에 사라질 것이다. 그러나 클릭 없는 인터넷은 더 이상 인터넷이 아니다. 아무리 데이터 전송이 빠른 스마트폰이 보급되고, 아무리 그래픽이 우수한 비

---

39 — 기 드보르, 『스펙터클의 사회』, 유재홍 옮김, 울력, 2014, 13절.

디오 게임이 나와도 그 디지털 형식을 인간의 신경계와 성격에게 전이시킬 수 있는 '순간'이라는 근원적 플랫폼이 사회적 합의에 이르지 못했다면, ADHD 증상들은 이토록 대중화되지 못했으리라. 순간은 사회적 관계지, 결코 기술적 관계만이 아니다.

디지털 미디어는 그것이 본질적으로 가지는 순삭충동을 사용자에게 내면화시킴으로써 ADHD 대중화의 원인이 된다. 분명히, **오늘날 ADHD는 전염병이다**. 전송되고 링크되고 다운로드된다. 그러나 그것은 미디어의 형식을 통해서 실행될 뿐 그 내용을 통해서가 아니다. 클릭 한 번으로 세계를 순간 안에 압축하는 디지털 미디어의 근원적 메시지란 순간 자체다.

대부분의 매체이론은 이런 순간의 폐해를 감지하지 못한다. 속도와 순간화를 찬양하기 바쁘기 때문이다. 마셜 매클루언은 전기 미디어가 기계 시대를 끝장냈다고 탄복하며, 시공간의 경계를 허물어 세계 어디든 동시연결하는 전기 미디어가 인간의 "두뇌를 포함한 중추신경계를 외재화"했다고 썼다. 인간의 중추신경계가 "전체로서의 세계에 반응"하며 "존재의 모든 국면을 동시에 포착하는 수단"이라고 가정하고 있는 셈인데,[40] 애석하게도 이는 사실

40 — 마셜 매클루언, 『미디어의 이해』,
박정규 옮김, 커뮤니케이션북스, 2001, 25장,
286~288쪽.

이 아니다. 인간 두뇌와 신경계의 진화론적 독특성은 분산된 자극과 정보에서 필요한 것만 엄선하고 분별해내는 데 있다. 전기·디지털 미디어처럼 오만 군데에 죄다 주의를 기울여서 "갖가지 행동이 얼마든지 동시화될 수 있는"[41] 중추신경계는 ADHD 아동의 중추신경계일 뿐이다. 그런 점에서 매클루언은 틀린 가정을 했다기보다는 60년 뒤에 도래할 ADHD 사회를 귀신같이 미리 가정하고 있는 셈이다.

　　　어떤 매클루언주의도 더 이상 대안이나 치료제가 될 수 없다. 매클루언주의는 21세기 미디어의 시간형식을 "전체 포괄적인 지금(all-inclusive nowness)"[42]이라고 말함으로써, 21세기 인간의 시간 형식인 '순간'을 진단했을 뿐이다. 더구나 그들은 진단을 해놓고도 그것이 병인 줄 모른다. 하지만 전체를 포괄하는 것은 병이다. 경계 결핍 과잉행동 장애라는 병.

　　　프로이트에 따르면, 자아는 "**경계존재**(Grenzwesen)"다. 그는 본질적으로 무시간적(zeitlos)인 무의식이 밤낮없이 요구하는 것들을 낮 시간 동안 억압함으로써 자신의 경계를 지켜내고 "밤에는 쉰다."[43] 아마도 자아가 억압하고 저항하지 않았더라면, 무의식과의 경계선을 잃고 낮도 밤도

41 — 같은 책, 15장, 174쪽.
42 — 같은 책, 31장, 392쪽.
43 — 지그문트 프로이트, 「자아와 이드」, 『정신분석학의 근본개념』, 윤희기·박찬부 옮김, 열린책들, 2003, 402쪽, 353쪽.

없었을 것이다. 자아는 시간의 경계를 지켜냄으로써 자신의 경계도 지켜내는 것이다. 그렇다면 거꾸로, 시간의 경계를 못 지킨다는 것은 자아의 경계도 못 지킨다는 것을 의미한다. 시간이 순삭되면 자아도 순삭된다.

매클루언은 나이팅게일의 보건 개혁을 높이 평가했다. 미디어가 인간 신경계의 확장이 된 마당에 육체의 간호가 신경의 간호가 되도록 했다는 것이다.[44] 그러나 간호에도 시간이 필요하다. 오늘날 나이팅게일을 기대하긴 어려울 것 같다. 간호할 의지와 기술이 없어서가 아니라, 간호할 시간 자체가 없어져서다. 지름신이 모두 순삭해버렸다. 과잉사회의 나이팅게일은 퇴근도 없이 야근해야 하는 밤꾀꼬리 신세다. 그는 간호할 수도 없다. 그는 간호를 지를 수 있을 뿐이다.

44 — 마셜 매클루언, 『미디어의 이해』, 25장, 292쪽.

3

공황장애의 무게

과잉자아의 또 다른 신체반응

독일법학자 카를 슈미트는 '진공(vacuum)'이 근대적 발명품이라고 말한다. 전근대적 인간은 대지의 질서를 살았다. 그가 나아가는 만큼 대지가 나타났으므로 진공은 나타날 수 없었다. 그러나 16세기 항해술과 천문학의 발전으로 지구가 둥글다는 것이 발견되었을 때, 세계는 바다와 하늘처럼 "무한하게 비어 있는 공간"으로 비로소 나타나기 시작했다.[45] 진공을 정복하며 인류가 진보한 것만은 사실이다. 그러나 진공은 결코 채워지지 않을 것이며, 그대로 남아 현대사회에 허무주의를 야기할 거라 슈미트는 예견했다. 경계선이 새겨지는 대지와 달리, 진공에서는 경계가 모두 철폐되기 때문이다. 중세인들이 신에 대한 공포로 한정했었고, 근대인들이 인공위성을 쏘아 올리느라 망각했던 "호로 바쿠이(horror vacui)"는 과잉의 시대에 이르러 비로소 세속화되었다.

이번 세기, 공포증의 핵심에는 뭔가 기체역학적인 것이 있다. 과잉의 패러다임은 경계가 철폐된 무한히 텅 빈 공간과 그를 활공할 수 있는 가벼움을 추구하기 때문이다. 그리고 그것은 오늘날 대유행 중인 공황장애에서 자주 나타나는 방향감각의 상실, 몸이 공중에 붕 뜨는 무중력감, 호흡곤란 증세와 결코 무관하지 않다. 물론 과잉이 추구하는 가벼움은

45 ─ 카를 슈미트, 『땅과 바다』, 김남시 옮김, 꾸리에, 2016, 12장, 82~84쪽.

물리적 가벼움만이 아니다. 과잉은 **가치의 가벼움**을 추구한다. 상품의 과잉공급은 제품 무게만 경량화하는 것이 아니다. 빠른 회전율을 위해 쉽게 쓰다 버릴 수 있도록 그 가치까지 경량화한다. 인스턴트 상품의 범람은 가벼움의 상품화를 의미한다. 명품이라고 덜 가벼운 건 아니다. 우리는 명품이 개성의 깊이를 더해줘서 사는 게 아니라 비싸거나 유명해서 산다. 외려 브랜드는 사물의 깊이를 덮어서, 인스턴트 상품보다 더 빨리 선택의 고민을 없애버린다.

　　　　노동력이라는 상품에 대해서는 더 하다. 강수돌은 경쟁이 내면화되는 공정을 면밀히 분석해 보여주었다. 그에 따르면, 경쟁상대를 팔꿈치로 치고 달리는 '팔꿈치 사회'의 폐해는 그저 인간의 성격이 얄팍해지는 것이 아니라, "한 번 승리했다고 영원히 승리한다는 보장이 없기 때문에"[46] 인간의 존재 자체가 가벼워진다는 데 있다. 결국 인스턴트 상품만큼이나 개인도 언제든지 쓰다 버릴 수 있는 인스턴트 존재가 되어, 승패와 관계없이 모두가 공허해진다. "유대관계는 모래알처럼 낱낱이 부서진다."[47]

---

46 ― 강수돌, 『팔꿈치 사회』, 갈라파고스, 2013, 3장, 64쪽. 경쟁에 관한 최고의 비판서다. 강수돌은 협동과 적대경쟁(생존경쟁)을 구분하며, 무한경쟁 체제는 비효율적이며 심지어 "공멸의 경쟁"임을 논증한다. "무한경쟁이 형식적으로는 생산성 경쟁으로 나타나지만 사실은 파괴성 경쟁으로 치닫는 경향이 있다."(65쪽)
47 ― 같은 책, 1장, 19쪽.

일반적으로 경쟁은 과잉충동을 합리화하는 가장 쉽고 빠른 방법이다. 과잉생산이 가치의 가벼움을 양산한다면, 과잉경쟁은 **존재의 가벼움**을 양산한다.

진공을 표류하는 느낌은 미디어와도 무관하지 않다. 미디어가 시청률 경쟁을 해서만이 아니다. 미디어 자체가 이미 현실과 이미지의 경쟁이다. 하이퍼미디어는 이미지에 현실의 무게를 더한 것이 아니라 이미지처럼 가벼워진 현실이다. 문자문화와 달리, 하이퍼미디어는 의견과 생각을 뉴스로 대체한다. 인스턴트 뉴스는 **정보의 가벼움**을 양산한다. 오늘날 파편화된 채로 쏟아지는 뉴스는 경청되지 않는다. 가볍게 재핑되고 스크롤될 뿐. 어떤 점에서 디지털은 예정된 것이다. 디지털 찬양론자들이 찬미했던 그대로, "비트는 무게가 없다."[48]

모든 과잉의 형식들이 말과 사물로부터 제거하려는 것은 **저항성**(resistance)이다. 닐 포스트먼은 TV의 해악으로 세계를 "낯설게 느끼는 감각을 상실"[49]하도록 만든다는 점을 꼽는다. TV뿐만 아니라 인터넷과 SNS 등 모든 과잉유도 장치들이 대상으로부터 "무게와 저항을 거세"[50]하여 모든 것이 너무도 쉽게 취해지고 버려지는 저항=∅의

48 — 니콜라스 네그로폰테, 『디지털이다』, 백욱인 옮김, 커뮤니케이션북스, 1996, 1장, 15쪽.
49 — 닐 포스트먼, 『죽도록 즐기기』, 홍윤선 옮김, 굿인포메이션, 2009, 5장, 133쪽.
50 — 백욱인, 『디지털 데이터·정보·지식』, 커뮤니케이션북스, 2013, 2장, 15쪽.

진공을 건설한다. 그와 함께 주체도 저항성을 잃고 **들뜨고**(hyper) **부풀지만**(inflate) 결코 덜 가벼운 건 아니다. TV나 인터넷에 등장하는 "강자와의 동일시를 통한 '나도 할 수 있다'는 환상"[51]은 이미 극도로 가벼워져 언제든지 무너질 수 있는 상태다. 들뜸보다 가벼운 건 없다.

결국 가벼움의 과잉은 존재와 가치의 경중을 철폐한다. 뭐가 간직할 가치이고 내버릴 가치인지, 뭐가 중요한 정보인지 쓸모없는 정보인지, 내가 좋아서 하는 일인지 남들이 좋다니까 하는 일인지, 살기 위해 경쟁하는 것인지 경쟁하기 위해 사는 것인지 알 수도 없고 알 필요도 없어진다. 어차피 어떤 존재와 의미도 손에 잡으려고 하는 순간 바람처럼 왔다가 바람처럼 사라질 테니까.

지그문트 바우만이 현대사회의 특징으로 '유동성(liquidity)'을 말할 때, 그는 바다와 액체를 표상한 것이다. 하지만 과잉의 시대는 그보다 한 단계 더 진화했다. 오늘날 과잉이 야기하는 공포에는 유동성보다 더 유동적인 것, '**휘발성**(volatility)'이 담겨있다. 경중 없는 정보만이 범람하여 어느 하나 없어져도 티가 안 나는 인터넷과 미디어, 클릭 한 번으로 친구 하나 삭제해도 티도 안 나는 SNS, 팔

---

51 ─ 강수돌, 『팔꿈치 사회』, 3장, 73쪽.

꿈치 한 방으로 경쟁자 하나 제거해도 티도 안 나는 무한경쟁 체제, 그만큼 개인 자신도 언제든지 지워질 수 있는 존재가 된 사회는 끓는점을 지나 존재 휘발의 단계로 접어든 과잉체계들이다. 순삭문화가 이미 휘발문화다. 이 시대의 모든 과열은 증발열이다. 하이퍼생산은 물건의 가치를 휘발시키고, 하이퍼미디어는 실재의 가치를 휘발시키며, 하이퍼링크는 관계의 가치를 휘발시킨다. 하이퍼경쟁은 존재의 의미를 휘발시킨다. 순간이 과잉의 시간형식이라면, 진공은 그 공간형식이다.

과잉의 시대에 우리는 대지를 떠났다. 가치의 중력과 존재의 무게가 순삭되는 천공을 향해 들띄워져 모두 휘발 중이다. 그렇게 "시간이 멈춰버린 허공(void)을 떠돈다."[52] 과연 "세계가 없어져도 진공은 남을 것이다."[53]

오늘날의 모든 조절장애에는 질식공포

---

52 ─ 지그문트 바우만, 『모두스 비벤디』, 한상석 옮김, 후마니타스, 2010, 2장, 77쪽. 물론 '유동성' 개념에는 이미 '휘발성'이 포함되어 있다. 바우만은 '인간쓰레기'(난민, 실직자, 부적응자…) 문제를 통해 유동성마저 임계점에 이르렀음을 시사한다. "지구는 이제 포화상태다. 하지만 이제 쓰레기 처리장은 존재하지 않는다. 이제 궁극적인 한계에 도달했다."(90쪽)
53 ─ Alexandre Koyré, *Études Newtoniennes*, Gallimard, 1968, chap.IV, p.123. 뉴턴의 진공 개념에 대한 쿠아레의 주석. 원문은 "세계가 없어져도 공간은 남을 것이다."

증이 포함되어 있다. 그것은 분명 과잉에 대한 반응이지만, 과잉된 수량이나 규모보다는 그것이 야기하는 공허감에 대한 반응이다. 거식증은 단지 음식을 원하지 않는 심리적 왜곡이 아니다. 많은 거식증 환자는 배고픔을 인지하며 음식을 원한다. 음식을 원치 않아 식도로 넘어가기 전에 뱉어내는 것은 흡사 진공 속에서 느끼게 될 질식을 두려워하는 그의 육체다. 폭식증은 반대로 그 진공을 헛되이 채우려는 사례다. 무엇보다도 공황장애는 진공에 대한 신체의 즉각적 반응이다. 공황장애는 과호흡에 대한 공포가 아니다. 그것은 과호흡이 필요해지는 진공상태에 대한 공포다. 공황장애는 광장공포증이 아니다. 그것은 광장만큼 광활한 진공에서 휘발될지도 모른다는 공포다. 텅 빈 우주 공간에 생명선 없이 내던져진 우주인이 아니라면 "질식감", "어지러움", "비현실감", "미칠 것 같은 느낌"[54]은 오지 않는다. 공황장애가 "공포에 대한 공포"[55]라는 견해는 의미심장하다. 즉 공황장애는 공포의 대상조차 휘발시키는 근원적인 무상성과 예측 불가능성에 대한 공포인 것이다. 그런 점에서 공황장애는 자아의 어떤 감각 일부가 아닌, 저항 없이 팽창한 과잉자아 전체에 대한 신체 반응이라고도 말할 수 있다. 공황장애는 ADHD의 숨겨진 반

54 — APA, 『정신질환의 진단 및 통계편람』(제5판), 권준수 외 옮김, 학지사, 2015, 공황장애 진단기준, 220~221쪽.
55 — 박현순, 『공황장애』, 학지사, 2000, 2장, 89쪽.

쪽이다.

그러니까, 공황장애는 **들뜸**(hyper) **자체에 대한 공포**다. 그것은 근대적인 대지의 질서에서는 나타나지 않는다. 중력과 저항에 사로잡힌 대지에서는 들뜰 일이 없다. ADHD와 공황장애가 지난 세기에 유행하지 못했던 이유다.

지난 세기 공황장애의 출현을 막았던 것은 히스테리다. 경계의 패러다임에서 공포증은 경계에 막히는 공포였다. 튀어나온 것이나 단단한 것에 부딪히고 억눌리는 데에 대한 공포였고, 히스테리처럼 근육마비와 만성구토로 나타났다. 그것은 적어도 불안이었다. 불안은 사유와 행동을 촉발한다. 반면 이번 세기, 과잉의 패러다임에서 공포증은 경계가 없어지는 데에 대한 기체적인 공포다. 경계는 운동을 막지만, **과잉은 숨을 막는다**. 이것은 불안이 아니다. 구토와 달리 질식은 사유와 행동을 마비시킨다.

이번 세기 유행하는 것은 패닉이나 멘붕이지 불안이 아니다. 불안은 존재와 무의 경계를 드러내는 사유의 가능성 자체다. 반면 패닉은 경계를 잃는 인지장애, 위니캇의 정확한 표현대로 "**사유불가능한 불안**(unthinkable anxiety)"으로서, "조각나는 느낌, 끝없이 떨어지는 느낌, 몸과 아무런 관련이 없는 느낌, 아무런 방향감각이 없는 느낌"56 등으로 특징 지어진다. 불안은 존재의 무게로 저항한다. 반면 패닉은 존재의 가벼움으로 휘발한다. 모든 과잉충동은 **저항=0을 향한 충동**이다. 이보다 더한 공포가 있을까.

　　　　그러므로 공황장애의 대중화에는 어떤 권력의 계보학이 암시되어 있다. 슈미트는 대지의 질서에서 해양권력 혹은 공중권력으로 이행하면서 초래된 군사학적 변화를 말한다. 육지전은 땅 위에 경계선(성곽, 참호, 국경…)을 그어 지키거나 빼앗을 영토를 구분하며, 교전의 형태도 근접전의 형태를 띤다. 바다와 하늘엔 그런 경계가 없다. 전방과 후방의 구분도 없다. 움직이는 모든 것은 적이 되며, 전투 또한 접근전의 형태에서 벗어나 무차별적으로 타격하는 "원거리 포격"과 병참보급을 차단하는 "봉쇄침파"가 선호된다. 그런 점에서 공중전은 해전과도 차이가 있다. 해전은 노획물이라도 있다는 점에서 육지전의 연장이라고도 볼 수 있을 것이다. 그러나 순식간에 날아와서 폭격하고 사라지는 비행기는 전리품도 남기지 않는다. 해전과 달리 공중전은 "순수한 파괴전(vernichtungskrieg)"이다.57

---

56 ― 도널드 위니캇, 「어린이 발달에서의 자아통합」(1962), 『성숙과정과 촉진적 환경』, 이재훈 옮김, 한국심리치료연구소, 2000, 81~82쪽.
57 ― 카를 슈미트, 『대지의 노모스』, 최재훈 옮김, 민음사, 1995, 4장 7.2~7.3절, 391~401쪽. 육지전과 해전의 전술적 차이에

공황장애의 대중화는 이 시대의 권력이 대지의 질서가 아닌 바다의 자유에, 나아가 하늘의 공허함에 입각함을 의미한다. 오늘날 권력은 더 이상 경계 짓고 막아서고 억누르는 형태가 아니라, 둘러싸서 질식시키거나 휘발시켜 절멸시키는 형태로 작동한다. 과잉은 모든 살아있는 것을 공중전으로 끌어들인다. 즉 과잉의 위력은 저항으로 막아서는 것이 아니라, 외려 무게와 저항을 소거해 들띄워서 텅 비워내는 데 있다. 그로써 개인의 팽창과 휘발, 질식과 패닉이 과잉에겐 이익이 되게끔 하는 데 있다.

공황장애는 저항=∅의 네트워크(미디어, 인터넷, 무한경쟁…)가 보편화되어 존재가 언제든지 휘발해 삭제될 수 있는 시대에서만 대중화하는 무중력병이다. 그것은 존재에서 어떤 저항감도 느낄 수 없는 **무저항병**이기도 하다. 과잉의 패러다임은 진공의 패러다임이다. **모든 과잉공포증은 진공공포증이다**. 그것은 광활한 허공을 활공하다 덧없이 애멸해 먼지가 되는 공포, 차라리 디지털 허리케인에 휩쓸려 영영 아웃데이트되어 한 점의 비트가 되는 공포와 구분되지 않는다. "진공 속에 광자가 하나 있는 것을 상상해보라. 무한히 텅 빈 저녁 하늘에 첫 번째 별이 딱 하나 떠오른 것처럼, 그 별 하나가 일 초도 안 되

대해서는 『땅과 바다』 16장도 참고.

는 짧은 시간에 하나의 정보로 출현하는 것을 생각해 보라."58

58 ─ 프리드리히 키틀러, 『광학적 미디어: 1999년 베를린 강의』, 윤원화 옮김, 현실문화, 2011, 4장, 349쪽. 디지털에 대한 부분. "진공에 가까운 우주공간이 조작가능성을 극대화할 수 있는 최적의 조건이라는 것은 수학적으로 자명한 사실이다."(같은 곳)

4

SNS
초울증

'좋아요' 이면의
우울함

지난 세기의 대미를 장식했던 '중2병'과 이번 세기 대유행 중인 '관심병'은 본질적인 차이가 있다. 미학적으로 중2병의 허세는 대상을 잃은 자아의 애도인 동시에 그럼에도 건재한 자아의 찬미다. 중2병은 멜랑콜리 병이다. 이는 경계의 패러다임에 속한다. 카를 아브라함은 멜랑콜리적 자아는 세계로부터 "추방된" 것이나 다름없으며, 고로 그 해결도 자아의 내면을 점령한 갈등 대상을 몰아내는 "추방행위"라고 말한다.[59] 중2는 애도한다. 애도는 상실을 인정하고 기억함이다. 그로써 **나의 경계를 지킴**이다. "난 지금 미쳐가고 있다. 이 헤드폰에 내 모든 몸과 영혼을 맡겼다. 음악만이 나라에서 허락하는 유일한 마약이니까. 이게 바로 지금의 나다." 중2는 제정신은 상실했어도 '나라'라는 국경을 가지고 '지금의 나'도 가진다.

　　　　반면 초고속 인터넷과 모바일 환경에서 자라난 관종은 정반대의 패러다임이다. 중2가 멜랑콜리 환자라면, 관종은 조증 환자다. 그는 허세를 어그로로 대체하며, '좋아요'와 조회 수를 위해서라면 뭐든지 과잉한다. 관종은 멜랑콜리하려야 할 수가 없

59 — Karl Abraham, "A Short Study of the Development of the Libido, Viewed in the Light of Mental Disorders"(1924), The Selected Papers of Karl Abraham, trans. Douglas Bryan & Alix Strachey, Hogarth Press, 1927, p.469, 464. 조울증을 어머니와의 관계에 결부 지은 최초의 작가는 아브라함이다.

다. 만인이 그의 잠재적 친구이자 팔로워다. 관종은 추방되려야 될 수가 없다. 무한정한 네트워크가 이미 그의 국가다. 중2처럼 마약도 따로 필요 없다. '좋아요'가 이미 관종에겐 마약이다. 더 많은 관심, 더 많은 댓글, 더 많은 '좋아요'만이 관종의 존재를 증명하며, 그의 '행복회로' 안에서는 죽음과 상실이 어그로의 소재일 뿐이다. 애도는 놀이가 된다. 2019년 한 연예인이 자살하자 어떤 유튜버가 그의 연인을 사칭해 어그로를 끌었다. 논란이 커지자 그는 이렇게 해명했다. "남들과 다른 방식으로 추모하고 싶었을 뿐이에요." 2020년 흉악범 조두순이 출소하자 유튜버와 BJ들이 집 앞으로 몰려가 댄스파티를 하고 짜장면을 시켜 먹으며 조회 수를 올렸다. 이듬해 한 입양아가 양부모의 학대로 사망하자 '#정인아미안해'라는 해시태그가 경쟁적으로 번져나가더니 '정인아미안해 굿즈'까지 등장했다. 문구가 새겨진 파우치의 가격은 1만 5000원이었다.

관종은 애도하지 않는다. 그에겐 뭔가를 잃을 일이 없다. 그의 유일한 대상 '좋아요'가 원리상 무한공급된다. 싸이월드와 SNS의 근본적인 차이도 이것이다. '일촌'이 조문하고 '도토리'로 추모된 자아는 그 한계가 더더욱 견고해져 "지금의

66

나"를 한정한다. 반면 관종에게 그런 단단한 정체성이란 없다. 과잉공급되는 친구와 '좋아요'가 자아의 한계를 없앤다. 아무리 새로운 기능을 첨가해봤자 일촌은 친구가, 도토리는 '좋아요'가 될 수 없다. 일촌과 도토리는 경계를 긋는다. 반면 친구와 '좋아요'는 경계를 철폐한다. 중2와 달리 관종은 과잉주체다. 관종에게 '지금의 나'란 없다. 한없이 **부풀고 들뜬 나**만 있을 뿐.

　　　　'좋아요'는 대행의 구조를 지닌다. 이 역시 중2가 하지 못한 것이다. 관종이 자아의 한계를 철폐하며 들뜨는 것은 **남의 삶을 대행**함을 통해서다. 겜방, 먹방, 춤방, 뷰방, ASMR방에서 BJ들은 팔로워들 대신 놀아주고 먹어주고 춤추고 예뻐지고 연애하고 증오하고 심지어 대신 잠도 자준다. 2016년에는 팔로워들이 요구하는 대로 사타구니에 불도 지르고 표백제도 마셔주는 '대신맨'이라는 BJ가 인기를 끌었다. 2018년에는 자위까지 대신해주는 '대딸맨'도 나왔다. 명품가방과 화장품을 먼저 써보고 리뷰해주는 뷰티 인플루언서들은 최근 호황이다. 신상 장난감을 먼저 갖고 놀아보는 것만으로 700만 명의 팔로워를 거느린 초등학생 유튜버도 있다. **행복회로는 대행회로다.** 그것은 신상품뿐만 아니라 신상의 인생을 리뷰해주는 대행업이다. 한 1세대 BJ는 지하철 앵벌이를 코스프레하며 팻말에 다음처럼 적었다. "구독과 좋아요가 제 삶의 희망입니다."

전문 BJ만의 이야기가 아니다. SNS는 아무리 평범한 사용자에게서도 '진짜 나(true self)'를 빼앗아간다. 우리는 SNS에 먹은 음식, 입은 옷, 구매한 물건, 만난 사람, 가본 장소, 읽은 책 등을 매일 포스팅하지만, 이는 '진짜 나'를 한정하기 위해서라기보다는 더 많은 '좋아요'를 받기 위해서다. 그렇게 '좋아요'에 종속될수록, 포스팅할 음식과 책, 경험과 사건의 선택은 사용자의 개성을 기준으로 삼기보다는, 더 많은 댓글과 '좋아요'를 끌어낼 남들의 취향을 기준으로 삼게 된다. SNS가 사생활을 증진한다는 견해는 틀린 것이다. 백욱인의 말대로 SNS에서는 "사적인 것과 공적인 것 사이의 구분이 흐려지고 **경계가 불투명해진다.**" 사적 영역의 소실은 '진짜 나'의 소실을 낳는다. "페이스북 공간에서 사적인 것과 공적인 것의 구분은 무의미하다. 가짜와 진짜의 구분도 의미 없다. 진짜 같은 가짜, 가짜 같은 진짜가 서로 얽히다 보면 여기가 저기 같고, 저기가 여기 같다. **양쪽을 왔다 갔다** 하면서, 위선과 위악을 뒤섞으면서 그렇게 정체성이 만들어진다."[60] SNS

60 — 백욱인, 『네트워크 사회문화』, 커뮤니케이션북스, 2013, 8장, 60~61쪽. 강조는 인용자.

대행구조가 사용자의 정체성에 가하는 것은 이와 같은 양극성(bipolar) 분열이다.

하이퍼링크의 역할은 절대적이다. 업데이트가 빨라질수록 정체성의 양극화는 가속화되고, 해시태그가 넓어질수록 정체성의 양극화는 확장된다. 그렇게 '진짜 나'는 쪼개져 나간다. '좋아요'에 종속되는 한, 아무리 많은 포스팅과 피드도 나의 역사가 될 수 없다. 그것은 남들의 취향을 모방해온 **남들의 역사**일 뿐이다. 중2는 적어도 '흑역사'를 가졌다. 데스크톱에 고정되어 있던 싸이월드는 새벽에야 애도의 공간이 되었다. 새벽이 지나면 '이불킥'도 가능했고, 몇 밤 더 지나면 그것은 '흑역사'가 되었다. 아무리 쪽팔려도 그것은 '나의 역사'이기 때문이다. 반면 SNS에서 흑역사란 있을 수 없다. 타임라인에는 역사 자체가 없다. 이불킥은 더 이상 나오지 않는다. 남의 정체성을 대행하는 정체성엔 쪽팔릴 일 자체가 없다. 어차피 남의 쪽이다.

중2병엔 없는 양극성이 SNS에 반드시 있다. 무한정 뻗어나가는 하이퍼링크는 나를 남들에게 연결할수록 진짜 나로부터는 차단한다. 겉으로는 얼마든지 들떠도 속으로는 공허해진다. 팔로워가 많든 적든 상관없다. SNS는 반드시 사용자의 자

아를 **들뜬 과잉자아**(hyperego)**와 텅 빈 과소자아**
(hypoego)로 양극화한다. SNS 사용자는 중2병
에 걸리고 싶어도 걸릴 수가 없을 것이다. "헤드폰에
내 모든 영혼을 맡기기엔" 그의 영혼이 너무 양극화
되어 있다. 조증은 울증의 짝이지, 멜랑콜리의 짝이
아니다.

　　　　멜라니 클라인에 따르면, 조증은 울증
에 대한 방어로서 둘은 불가분의 관계에 있다. 모두
자아와 대상의 경계가 철폐된 편집증에 기반하기 때
문이다. 갓난아기는 지독한 편집증자로서, 젖만 떼도
세계는 절멸한다. 생후 6개월쯤 젖떼기와 함께 "우
울적 자리(depressive position)"로 들어서면,
아기는 흩어져 절멸하려는 자아를 통합하려고 애쓰
는데, 이때 통합의 고통을 회피하려고 편집증적 방
어기제인 "조증적 방어(manic defence)"가 활성
화된다. 조증적 방어의 핵심은 통합의 필요성을 "**부
인**(denial)"하는 것이다. 그 핵심 감정이 "**전능감**
(feeling of omnipotence)"이다. 즉 아기는 엄
마 없이도 뭐든지 할 수 있다는 전능환상을 통해 세
계의 필요성 자체를 부인한다.[61] 급기야 "대상을 사

---

61 — Melanie Klein, "A Contribution to
the Psychogenesis of Manic-Depressive
States"(1935), LGR, p.277. "조증을
통해 자아는 피난처를 찾는다." 잘 알려진
것처럼, '부정(Verneinung、negation)'과
'부인(Verleugnung、denial)'은 다르다.
부정은 대상의 표상으로의 대체. 반면 부인은
그런 대체 자체의 거부, 즉 대상이 지시하는

랑한다는 사실 자체를 부인한다."[62] 자신의 성기나 똥오줌을 과대평가한다든가, 어른인 양 걸음마를 하며 엄마로부터 도망가는 등의 "과잉행동"[63]은 그런 전능감의 표출이다. 그러나 이러한 과잉조치는 사랑의 가치를 스스로 떨어뜨려 우울불안을 더 심화시킬 뿐이다. 모든 아기는 태생적인 조울증자다. 아기들에게서 관찰되는 자해는 이미 "자살 시도"[64]다.

클라인은 조울증(양극성 장애)을 "악순환"[65]이라 부른다. 젖가슴의 상실을 부인하려 들뜰수록 상실감만 심화된다는 점에서 그렇고, 그로써 인간이 수행해야 할 생의 첫 번째 애도작업은 끝없이 지연된다는 점에서 그렇다. 그렇다면, SNS 행복회로는 인간이 젖떼기 이후에 만나는 생의 두 번째 **조울회로**다. 다른 점이 있다면 부인할 상실대상이 젖가슴이 아니라 현실세계라는 점, 그리고 방어기제가 '나는 뭐든지 할 수 있다'는 오프라인 전능감이 아니

현실 전체의 거부다.
62 — Melanie Klein, "Some Theoretical Conclusions Regarding the Emotional Life of the Infant"(1952), Envy and Gratitude(이하 EG), The Free Press, 1975, p.73.
63 — Melanie Klein, "A Contribution to the Psychogenesis of Manic-Depressive States"(1935), LGR, p.277.
64 — 멜라니 클라인, 『아동 정신분석』, 이만우 옮김, 새물결, 2011, 9장, 271쪽.
65 — Melanie Klein, "Envy and Gratitude"(1957), EG, p.231.

라 '나는 누구와도 친구가 될 수 있다'는 온라인 전능감이라는 점, 그뿐이다. 그러나 젖줄에서나 피드에서나 애도의 "실패는 조울증 또는 편집증을 낳는다."[66]

　　　더구나 SNS 사용자는 아기보다 더 불리하다. 엄마 젖은 언젠가 마르지만 '좋아요'는 마르지도 않는다. 그로써 악순환은 영속화하고, 양극성은 주체 내면에 고착되어 성격이 되고 인격이 된다. 한껏 연출된 인증샷과 셀카를 포스팅하고 수시로 '좋아요'가 달렸는지 댓글이 달렸는지 확인하는 "부풀려진 자존감"과 "정신적 초조함"[67]의 대조는 이미 양극화된 인격의 징후다. 전문 BJ만 과잉행동하는 것이 아니다. 이미 퓨빙(phubbing)은 SNS 조울증의 가장 초보적인 과잉행동이다.

　　　인증샷의 유행은 개성의 표현과 아무런 상관이 없다. 인증샷은 자꾸만 개성이 소실되기에 유행한다. 해시태그의 유행도 유대의 형성과는 아무런 상관이 없다. 해시태그는 자꾸만 유대가 끊기기에 유행한다. 그러니까 SNS는 '좋아요'와 친구들로 부풀

---

66 — Melanie Klein, "Mourning and its Relation to Manic-Depressive States"(1940), LGR, p.368. "조울증자와 애도작업에 실패한 사람의 공통점은 내적세계에서 안전감을 느낄 수 없다는 것이다."(p.369)
67 — APA, 『정신질환의 진단 및 통계편람』(제5판), 권준수 외 옮김, 학지사, 2015, 제1형 양극성 장애 진단기준, 132쪽.

릴수록 정작 진짜 자아는 사라져간다는 사실을 부인하려 인증한다. 하지만 그럴수록 "거짓자기가 참자기를 숨긴다."[68]

DSM-5(정신질환 진단 및 통계 편람 제5판)는 조울증의 진단 특징으로 "과도한 사업투자"를 명시하고 있다.[69] 해시태그와 셀카를 남발하며 정체성 확장사업을 무리하게 진행하는 SNS 사용자도 그런 사업가다. 하지만 너무 많은 친구는 친구가 아니다. 너무 많은 '좋아요'는 좋음이 아니다. 외려 과잉 공급되는 친구들과 '좋아요'는 우정과 좋음의 가치를 폭락시켜 "자기 자신의 가치절하(de-valuation of the self)"[70]를 초래한다. SNS 조울증이란 이런 거짓 자기의 인플레이션에 의한 진짜 자기의 파산에 다름 아니다.

---

68 — 도널드 위니캇, 「참자기와 거짓자기의 관점에서 본 자아 왜곡」(1960), 『성숙과정과 촉진적 환경』, 이재훈 옮김, 한국심리치료연구소, 2000, 215쪽. '참자기(True Self)'와 '거짓자기(False Self)'는 전능적 방어기제로부터 도출한 위니캇의 유명한 개념이다. "참자기가 삶을 생생하게 느끼는 데 반하여, 거짓자기는 삶이 실감나지 않고 허망하다고 느낀다."(같은 곳)
69 — APA, 『정신질환의 진단 및 통계편람』(제5판), 제1형 양극성 장애 진단기준, 137쪽. "의기양양한 기분, 과도한 낙관주의, 과대감 그리고 잘못된 판단력은 흔히 파국적인 결과가 예상됨에도 불구하고 무모한 행동을 초래하기도 한다."
70 — Melanie Klein, "Envy and Gratitude"(1957), EG, p.218.

73

게다가 모바일 환경과 앱 기능의 발전으로 파산은 점점 빨라지고 있다. 줄리아 크리스테바는 우울증 혹은 조울증 환자들이 병적으로 빨리 말하면서 관련 없는 단어들을 횡설수설 이어붙이는 다변증(hyperphasia)이 현실과의 "대결에서 벗어나 도피할 수 있게" 도와주는 가속기 역할을 한다고 말한다.[71] 그런 점에서 댓글, 좋아요(👍), 해시태그(#), 멘션(@)은 이미 조울증의 언어들이다. 더구나 그 업데이트는 사람 혀보다 빠르다. 하이퍼링크는 조울증을 '폭풍업뎃'한다.

SNS가 개인의 외로움과 상처를 드러내준다고 해서 치유 기능을 가지는 것은 아니다. SNS는 '좋아요'와 해시태그 외에 다른 애도의 언어를 알지 못하며, 거기서 상처는 조회 수를 올려줄 스펙터클이 되어 거짓자기를 키울 뿐이다. 상처를 '좋아요'로 치유할 수 있었다면, 인류는 페니실린 대신 꿀을 썼을 것이다.

그러니 SNS 우울증의 원인이 남의 인생을 들여다보면서 느끼는 상대적 박탈감에 있다는 견해는 사실이 아니다. 반대로 SNS 우울증의 근본 원인은 SNS 조울회로가 사용자의 영혼에 박아 넣는 이러한 "참자기와 거짓자기의 사이의 분열"[72]로

---

71 — 줄리아 크리스테바, 『검은 태양』, 김인환 옮김, 동문선, 2004, 2장, 79~80쪽. 우울증은 "장소보다는 시간"의 문제다(81쪽).
72 — 도널드 위니캇, 「참자기와 거짓자기의 관점에서 본 자아 왜곡」(1960), 『성숙과정과 촉진적 환경』, 218쪽.

서의 **자기양극화**, 그 절대적인 자기박탈감에 있다. FOMO 증후군은 사실 'Fear of Missing One-self(본래는 Fear of Missing Out의 줄임말)' 증후군이다. 부러워서 지는 게 아니다. 이미 스스로 졌기 때문에 남이 부러운 것이다.

디지털 조울증이란 다른 것이 아니다. 디지털이 실재를 1과 ∅으로 양극화하듯이, 하이퍼링크가 주체를 들뜬 거짓의 나(1)와 텅 빈 진짜 나(∅)로 양극화할 때, 그것이 디지털 조울증이다. 하이퍼링크는 양극화 기계다. 실재로부터 오는 기쁨과 슬픔을, 진실도 대상도 없는 조증과 울증으로 변환하고 비트화한다.

물론 SNS를 한다고 다 조울증자가 되진 않는다. 하지만 이는 SNS가 무의식에 작용함을 의미할 뿐이다. 우리는 **매 순간 SNS로 조울증의 패턴을 학습하고 연습한다**. 무의식적으로. 시나브로. 과연 "기술의 대가를 계산할 수 없다는 것이 그것이 공짜임을 의미하진 않는다."[73]

들뜰수록 텅 비워진다. 어떤 SNS 사용자도 이 결론을 피해갈 수 없다. 돌잔치도 안 한 아기라고 봐주지 않는 조울회로에게 '좋아요' 잔치는 이미 다 차려놓은 밥상처럼 보인다. 들뜨고 부풀려진 전능

73 — Evegeny Morozov, The Net Delusion : How Not To Liberate The World, Penguin Books, 2011, chap.10, p.286. 모로조프는 인터넷 기술결정론도 비판한다. "기술의 논리가 [사회적]문맥에 따라 변한다는 것을 못 본다는 것"이다(p.289).

한 자아 뒤엔 반드시 웅크리고 있는 텅 빈 자아가 있다. '좋아요'는 이미 셀카 뒤에서 싹트고 있는 우울불안의 신호다. 물론 이를 판별해내긴 어렵다. 조울회로는 회로다. 그 악순환이 들뜸과 텅 빔, 거짓 나와 진짜 나, 행복과 불안의 "분별을 흐린다."[74]

최악의 경우 SNS는 자아해체기, 차라리 **자아의 원심분리기**가 된다. SNS 조울회로는 자아를 전능감과 무능감, 과열과 급냉, 과잉과 과소라는 두 극단 사이에서 정말이지 빙빙 돌리고 돌리고 또 돌려서, 과잉된 흥분과 과잉된 무기력 외에 다른 어떤 현실감각도 찾을 수 없게 만들고, 심지어 그 둘을 판별 불가능하게 만든다. 진짜 세계는 휘발된다. 2018년 한 인터넷 BJ가 생방송 도중에 반려견을 안고 아파트에서 투신했다. 시키는 것은 무엇이든 다 해내던 '대신맨'도 2018년 우울증을 호소하다 자살방송을 기도했다. 2020년 사생활 폭로전에 휘말리던 인기 BJ가 자살했다. "'좋아요'가 삶의 희망"이라던 1세대 BJ도 같은 해 20층에서 몸을 던졌다. 사람들은 모두 개인 사정 때문이라고 말하지만, 남의 삶을 대행하던 그들에게 이미 사적인 삶은 없었다.

클라인의 '우울적 자리'는 현학자들의 개념 타령이 아니다. 아동 우울증에만 한정될 기전도

74 — Melanie Klein, "Envy and Gratitude"(1957), *EQ*, p.220.

아니다. 오늘날 SNS를 닮아가며 양극성을 촉진하는 사회 전체가 **외부 없는 우울적 자리**로 기능한다. 2019년, 팔로워가 580만 명에 달하던 배우이자 가수였던 한 연예인이 스스로 생을 마감했다. 그녀의 삶은 논란의 연속이었으나, 그때마다 더 당당하게 맞섰던 삶이었다. 점점 더 혼자 있는 삶을 택하게 되었지만 SNS 활동만은 멈추지 않았다. 언론은 악플이 그녀를 죽였다고 앞다투어 보도했으나 그녀의 인스타그램에는 선플도 많았다. 외려 수백, 수천 개의 기사를 쏟아내면서 그녀의 일거수일투족을 논쟁거리와 안줏거리로 만들어 그녀의 세계를 양극화해댔던 것은 바로 그 언론이었다. 그녀에겐 언론마저 조울회로였다.

SNS와 관련된 자살의 원인을 단지 악플에서만 찾을 수는 없다. 악플은 이 사회의 집단 조울회로가 '좋아요'의 반대 극으로 가지는 '싫어요'의 다른 이름일 뿐이다. 더 많은 웃음과 기쁨을 보여달라고 요구하면서도 다른 한쪽에서는 그를 무참히 짓밟아 기어이 우는 얼굴까지 보고야 마는 이 사회의 양극성 애호증은 악플보다 결코 덜 악하지 않다. 많은 경우, 악보다 더 견디기 힘든 것은 선의 이중성이다.

SNS를 닮아가는 사회란 조울사회다.

그것은 '좋아요'와 '싫어요'라는 극단적 이분법만으로 개인을 평가하는 사회다. 전능과 무능, 승자와 패자 외에 어떤 판단 기준도 없는 능력주의 사회이기도 하다. 그로써 개인도 '좋아요'와 '싫어요'로만 세계를 인식하며, 세계는 언제나 두 얼굴로 나타난다. 조울사회는 이런 혼돈과 분열을 감추려 더 많은 '좋아요', 더 큰 '좋아요', 더 전능한 '하이퍼-좋아요'를 공급하지만, 그럴수록 분열은 가속화되어 결국 세계마저 들뜬 세계와 텅 빈 세계로 찢겨져 나간다. 조울사회는 서동진이 말하는, 행복의 전시와 "불행의 경연"이 세계와의 대면을 대체해버린 스펙터클 사회와 크게 다르지 않다. 거기서 우리는 "환영을 통해서만 세계에 입장할 수 있다."[75] 그러니까, 조울사회는 세계를 부인하는 사회다. 그것은 개인에게 전능환상을 부추김으로써 정작 **진짜 세계의 필요성은 소거한다**. 불안은 은폐되고 애도는 불가능해진다. 조울사회가 SNS를 모방하고 있는 것이 아니다. 조울사회는 이미 SNS의 확장된 형태다.

　　　　과연 진보였을까? 지성의 발달이었고 정신의 성장이었을까? 생후 6개월의 아기가 전능한

---

75 — 서동진, 「낮잠 자는 변증법」, 『변증법의 낮잠』, 꾸리에북스, 2014, 218쪽, 226쪽. 서동진의 논지는 대상의 인식을 결여할 때, 세계의 모순은 양극성으로밖에 나타나지 않는다는 것이다. 거기서 "우리는 최악의 세계에 살고 있다는 허무주의와 최선의 세계에 살고 있다는 능동주의 사이를 오락가락한다."(227쪽)

고사리 손으로 자신이 엄마 젖을 뗐다는 사실 자체를 부인하는 것처럼, 21세기의 SNS 사용자는 전능한 하이퍼링크로 자아와 세계가 분리되었다는 사실 자체를 부인한다. 그로써 "불안의 근원뿐만 아니라 불안의 정동도 부인하고 무시한다."[76]

하이퍼링크가 불안을 발명해낸 건 아니다. 하지만 하이퍼링크는 불안을 부인함으로써 불안이 불어나도록 방치한다. SNS가 양극성 장애를 발명해낸 것은 아니다. 하지만 SNS는 양극성을 교육함으로써 양극성 장애가 불어나도록 방치한다.

적어도 중2는 아기보다 성장했을 터다. 뛰어넘을 국경을 가졌으므로. 그의 허세엔 현실 세계라는 끝이 있었으므로. 허세회로란 있을 수 없다. 어떤 허세도 현실에 부딪혀 종결된다. 이불킥이 "팽창된 전능감에 구멍을 낸다."[77] 성장은 거기서 나온다. 반면 하이퍼링크로 무장한 조울회로는 그런 종결점도 국경도 없다. "전능감의 무한성을 제한"하지 못하여 "경계를 확정"[78]하지 못하는 자아는 어딘가에 도달할 수도 없으며, **세계 없는 '좋아요'**를 따라 들뜬 자아에서 텅 빈 자아로 또는 그 역으로 빙빙 돌

76 — 멜라니 클라인, 『아동 정신분석』, 8장, 253쪽.
77 — 마거릿 말러·프레드 파인·애니 버그만, 『유아의 심리적 탄생』, 이재훈 옮김, 한국심리치료연구소, 1997, 14장, 316쪽.
78 — Melanie Klein, "The Development of a Child"(1921), LGR, p.16.

면서 악순환할 뿐이다. 조울회로엔 현타가 없다. 그 악순환이 현타를 순삭한다. 타임이 없는데 성장이 있을 수 없다.

　　　　장난감 리뷰로 몇백만 명의 팔로워를 거느렸던 열 살 유튜버들. 좋건 싫건 그들의 몸과 마음도 자라날 테고, 팔로워들은 떠날 테고, 그 들뜬 세계도 곧 끝날 터다. 그렇게 그들 의식 앞에 들뜸의 한계가 나타났을 때, 그들은 어디로 갈 수 있을까? 이 불킥으로 들뜸을 부술까? 쉽지 않다. 그 어린이들이 생의 가장 창조적인 시기에 학습했던 것은 애도와 경계지킴의 패러다임이 아닌 조울증과 과잉의 패러다임일 테니까. 더 선택하기 쉬운 것은 조울회로와의 결별이 아닌 조울회로의 확장일 테니까. 길거리에 버려진 미아는 경찰이 구하면 되지만, 자기 안에 버려진 미아는 누가 구해야 할까. 온 세상이 클릭해대며 만들어낸 조울증에 쌍방과실이란 없다.

　　　　1946년 클라인은 '우울적 자리' 앞에 '편집분열적 자리(paranoid-schizoid position)'라는 새로운 개념을 위치시켰다. 우울증은 편집증뿐만 아니라 분열증과도 맞닿아 있다는 것이다.[79] **우울증은 통합의 실패다**. 즉 우울증은 엄마젖

────────────────

79 — Melanie Klein, "Notes on Some Schizoid Mechanisms"(1946), "A Note on Depression in the Schizophrenic"(1960), EG. "자아의 파편화도 통합의 고통에 대한 방어로서 나타난다."(p.266)

을 잃은 아기가 좋은 젖가슴과 나쁜 젖가슴을 "하나의 대상"[80]으로 통합하지 못하고, 나아가 자아와 대상마저 통합하지 못한 데서 비롯되는 "원초적 분열"[81]의 융기다.

우울증 환자가 느끼는 무력감은 단지 무감각을 의미하지 않는다. 그것은 이처럼 경계 짓지 못한 채로 남겨지는 의미의 혼돈 상태, 좋음과 나쁨, 친구와 타인을 더는 가를 수 없고, 나아가 세계가 나의 편인지 적의 편인지, 자신조차 자기의 편인지 남의 편인지, 자신은 경멸의 대상인지 사랑의 대상인지, 자신과 세계가 주고받는 것이 사랑인지 상처인지 판별할 수 없는 감정의 총체적 분열 상태를 의미한다. 거기를 자책 없이 들여다보긴 어렵다. 하나가 아닌 여럿으로 분해된 얼굴, 경계를 잃고 천 갈래 만 갈래 찢어진 얼굴만이 비친다.

물론 SNS가 조울증을 창조해낸 건 아니다. 네안데르탈인도 조울증은 있었다. 그러나

---

80 — Melanie Klein, "On the Theory of Anxiety and Guilt"(1948), EG, p.35. 클라인의 완성된 논리에 따르면, 젖떼기 아기는 젖 주는 가슴(좋은 대상)과 젖 떼는 가슴(나쁜 대상)을 '한 사람의 어머니'라는 단일한 대상으로 통합하는 과정에서 그 고통을 회피하려 전능성과 부인 같은 방어기제가 활성화되거나, 아예 정신분열증으로 퇴행하게 된다. "우울불안은 파괴충동과 사랑을 하나의 대상으로 종합하려는 데서 비롯된다."(같은 곳)
81 — Melanie Klein, "Envy and Gratitude"(1957), EG, p.191.

81

SNS는 조울증의 본질인 편집증적 악순환을 재생산하고 가속화함으로써 전례 없는 **조울증 엔진**이 된다. SNS는 자아가 세계와의 통합을 위해 필수적으로 설치하는 자아 자신의 내적 경계를 철폐해, 과잉자아와 과소자아를 양극화하고는 그 판별을 무력화시키는 악순환 발전소다. 동시에 정신의 성장을 '좋아요'의 경쟁으로 치환해버리는 양극성 스타디움이다. 그것은 폭력이다. 주체가 바라보는 세계를 일견 완벽해 보이나 실상 흩어져 사라지는 "**산산조각 난 완벽한 대상**"[82]으로 만든다는 점에서 그렇다. 세계는 자아를 닮는다. 2019년에 생을 마감했던 그녀가 언젠가 인스타그램에 남겼던 한 메모는 그녀가 붙들고자 했던 세계의 마지막 얼굴을 사무치도록 정확히 증언하고 있다. "나는 누구에게 사랑을 주고 상처를 줬나. 나는 누구에게 사랑을 받고 상처를 받았나."

이번 세기, 견딜 수 없는 것은 악이 아니라, 선과 악의 판별 불가능성이다.

---

82 — Melanie Klein, "A Contribution to the Psychogenesis of Manic-Depressive States"(1935), LGR, p.270.

82

5

연쇄살인과 묻지마 범죄

어떤 범죄도 저지를 수 있다는 '전능함'

2010년, 한 26세 청년이 인터넷 게임을 하다가 돌연 부엌에서 식칼을 꺼내 들었다. 처음 마주치는 아무나 죽이겠다는 생각으로 거리를 배회하다 피해자를 만나 식칼을 휘두르고 집으로 돌아왔다. 피해자는 과다출혈로 사망했다. 자택에 들이닥친 경찰에 붙잡히기 전까지 청년은 다시 인터넷 게임을 하고 있었다.

이번 세기, 범죄자도 과잉주체다. 그는 지난 세기를 지배했던 도둑이나 살인범과는 근본적으로 다른 인간 유형이다. 지난 세기의 범죄는 적어도 '행동'이었다고 할 수 있다. 그들은 표적을 정했고, 타이밍을 기다렸고, 담을 넘었다. 거기에는 균형과 조절이 있었다. 물론 이성을 잃고 난동이 될 때도 있었겠으나, 그 역시 도주로와 증거인멸을 확보하는 한도 내에서였다. 행동은 경계를 전제한다. 과거의 범죄는 집이 비는 시간과 울타리의 높이를 재는 등 시공간의 경계를 지켜서 계획적이었고, 돈이냐 목숨이냐 결정하는 등 대상 간 경계를 지켜서 합목적적이었다. **행동은 경계를 지킨다**. 도둑이 담을 넘을 때조차 경계를 지키고 따르는 것이다. 경계를 지키지 않으면 넘을 수도 없다.

반면 이번 세기를 지배하는 분노조절장

애, 보복운전, 몰카, 악플, 디지털 성범죄, 아동학대 같은 묻지마 범죄에서 그런 균형과 조절을 찾기는 어렵다. 범행은 불필요한 과잉행동으로 나타나고 표적의 선택은 즉흥적이며, 계획은 있어도 허술하다. 때로는 증거를 버젓이 남기거나 도주를 스스로 포기하기도 하지만, 행위의 강도와 범위를 조절하지 못해 피해가 더 커지기도 한다. 그들은 행동이 아닌 충동의 인간이다. 그는 과거의 도둑처럼 담을 넘지 않는다. 담이 없는 곳으로 가거나, 담이 없는 것처럼 행동한다. 만만한 담이면 찢어발긴다. 스토킹과 데이트 폭력도 충동범죄에 속한다. 타인과의 경계선을 제멋대로 없애버린다는 점에서 그렇다. 충동은 행동이 아니다. 행동은 경계를 지키지만, **충동은 경계를 부인하고 해체한다**.

      1939년 예일 학파는 '좌절−공격' 모델을 주창했고, 이는 오랫동안 범죄심리학의 기초를 이뤄왔다. 그러나 오늘날의 충동은 그런 모델로부터 꽤나 벗어나 있다. 좌절에 따른 공격성은 좌절된 목적을 보상하려는 "목표반응(goal-response)"[83]으로, 여전히 행동이기 때문이다. 과거의 범죄자들은 "룰을 어길 때조차 룰을 믿는다"[84] 반면 이번 세

83 — John Dollard、Leonard W. Doob、Neal E. Miller、O.H. Mowrer、Robert R. Sears, Frustration and Aggression, Yale University Press, 1939, p.9. "공격 행위는 좌절의 실존을 전제한다."(p.1)
84 — Travis Hirschi, Causes of

기 충동범죄자들의 믿음은 규칙과 기준이 언제든지 허물어질 수 있다는 데에, "그것을 자신이 통제할 수 없는 상황이라 여기는"[85] 데에 있다. 그 순간, 충동은 좌절을 모른다. **충동은 과잉 외에 다른 목적이 없다.** 지난 세기의 범죄가 계획적, 합목적적, 지능적인 경계와 행동의 패러다임에 속한다면, 이번 세기의 범죄는 무계획적, 무차별적, 즉흥적인 과잉과 충동의 패러다임에 속한다. 아무리 계획을 하더라도 충동이 행동이 되진 않는다. 사전준비도 충동적이기 때문이다.

그렇다면 연쇄살인도 이미 지난 세기 패러다임의 범죄유형이다. 연쇄살인범의 철저함은 그가 시공간의 경계를 너무 잘 지킬 뿐 아니라, 자신의 심리적 경계마저 조절한다는 데 있다. 냉각기가 그것이다. 일반적 정의에 따르면, 연쇄살인은 냉각기가 있고, 수법이 진화하고, 시그니처를 가진다. 물론 연쇄살인에도 다른 동기가 있을 때가 있고 시그

Delinquency, University of California Press, 1969, chap.2, p.23.
85 ─ 박형민, 「대량살인 범죄자와 연속살인 범죄자의 유형과 특징」, 『형사정책연구』 20권 1호, 형사정책연구원, 2009, 203쪽. 박형민은 아홉 명의 충동범죄자를 면담 분석하며, 충동의 최초표출이 이후 통제력의 상실을 촉진한다는 사실에 주목했다. "제가 저를 보고 있는 거 같았어요. 제 몸이 제어가 안 되고, 제가 막 찌르고 있더라구요. 아무 데나 막 찌른 것 같아요."(한 대량살인범의 증언, 같은 곳)

니처가 뒤죽박죽일 때도 있을 것이나, 객관적 기준이 불명확해지는 것 역시 "범인 혼자만의 이유와 기준"[86]으로 표적과 수법을 선택하기 때문이다. 연쇄살인범은 행동의 인간으로서 그가 한정하는 기준과 경계를 지킨다.

시그니처는 그런 경계의 재현이다. 그것은 연쇄살인범의 무의식에 새겨져 있던 억압의 형태인 동시에 자아와 타인 사이에 되돌려주고 싶은 분계선의 패턴이다. 모든 연쇄살인범은 시그니처를 남긴다. 70년대부터 2000년대까지 활동했던 김대두, 김선자, 지존파, 지춘길, 온보현, 정두영, 유영철, 정남규, 강호순의 사례에서 부자, 여자, 노인 같은 특정 표적의 선택은 이미 시그니처였다. 그것은 계급, 성별, 지위 같은 사회적 경계선의 재현이다. 김대두는 유년 시절 살았던 장소와 유사한 곳에서만 범행했다. 또 지존파는 연행되며 "2000만 원 이상의 자동차를 가진 놈들은 다 죽여야 해!"라고 외쳤다. 김대두가 지리적 경계를 준수하는 데 그쳤다면, 지존파에겐 살 자와 죽을 자를 가르는 경제적 경계선까지 있는 것이다. 연쇄살인은 아무리 잔혹하더라도 경계의 패러다임 정점에 있는 범죄유형이다. 연쇄살인범의 무서움은 그가 경계를 지키는 데 만족하지 않고,

86 — 표창원, 『한국의 연쇄살인』, 랜덤하우스코리아, 2005, 1장, 45쪽.

경계를 조절하고 재현한다는 데 있다.

　　　　　반면 이번 세기 유행 중인 묻지마 범죄
는 모든 측면에서 연쇄살인과 대립한다. 충동조절장
애나 정신분열증적 측면을 지니는 묻지마 범죄에서
연쇄살인범이 지키던 사회적이고 심리적인 경계들,
냉각기, 수법, 시그니처는 지켜지지 않거나 너무 쉽
게 폐기된다. 언제나 과잉하기 때문이다. 사소한 자
극에도 폭발하는 묻지마 범죄자에게 냉각기란 없다.
과잉흥분이 그를 항상적으로 데워놓는다. 수법의 진
화도 없다. 과잉반응은 수법이 진화할 겨를을 주지
않는다. 시그니처도 없다. 과잉행동이 모든 형상을
흐트러트린다. 물론 여자를 표적으로 삼는 등의 최소
화된 시그니처가 있을 수 있겠으나, 그 역시 너무 쉽
게 변질되거나 이미 변질된 결과다. 2008년 논현
동 고시원 방화, 2010년 서울 잠원동 피습, 2012
년 강남 초등학교 흉기 난동, 2012년 여의도 퇴근
길 칼부림, 2013년 평택 차량 돌진, 2014년 울산
삼산동 흉기 살해, 2015년 광주 옥상 투석, 2018
년 거제 신오교 폭행 살인, 2019년 진주 아파트 묻
지마 범죄에서 표적은 '처음 만난 사람 아무나', '웃
는 사람 아무나', '옥상에서 돌을 던져서 맞는 아무
나'로 정해지거나, '국회의원을 죽이러 여의도에 갔

89

다가 그 옆 초등학교로 들어가는' 식으로 너무 쉽게 변경되었다. 너무 쉽게 바뀌는 시그니처는 시그니처가 아니다.

묻지마 범죄는 **모든 기준과 경계에 대한 혐오**다. 그래서 표적조차 판별하지 않는 것이다. 묻지마 범죄자는 과잉과 충동의 인간으로서 모든 사회적이고 심리적인 경계를 경멸하고 증오하며, 그래서 그것을 폐기하고 유기하려고 한다. 2012년 초등학교로 난입해 흉기를 휘두른 18세 소년은 "못사는 사람과 잘사는 사람 모두를 함께 잘 살게 하는 것이 국회의원이 해야 할 일인데 제 역할을 못 하고 있다"고 진술했다. 그는 부익부 빈익빈의 경계선조차 참기 힘들었던 것이다. 연쇄살인범이 경계를 재현한다면, 묻지마 범죄자는 **경계를 부인한다**. 그는 내면에 새겨진 경계선(성격, character)마저 부인하기에 시그니처가 불가능하다.

그런 점에서 연쇄살인이 형상적(formal)이고 상징적(symbolic)이라면, 묻지마 범죄는 탈형상적(formless)이고 탈상징적(desymbolic)이라고 할 수 있다. 경계는 형상(form)을 가진다. 화성연쇄살인 사건의 범인 이춘재는 피해자를 제압해 속박하는 독특한 패턴으로 자신을 봉쇄하던 경계선을 형상화했다. 정남규도 어린 시절 자신이 성폭행당했던 방식을 그대로 본떠서 남아를 성폭행한 적이 있다. 이게 시그니처다. 그것은 범인의 기억과 행동에 각인된 어떤 문턱과 장벽(금기, 억압, 학대…)에 대해 무언가라도 상징하며, 의례적 의미마저 가진다. 그래서 프로파일링할 수 있다. 반면 2018년 강서구 PC방 살인사건의 김성수는 사소한 시비를 이유로 피해자의 얼굴을 형체를 알아볼 수 없을 정도로 난도했다. 자신을 가로막았던 경계를 혐오해 탈형상화한 것이다. 여기엔 어떤 시그니처도 없다. 탈형상화된 얼굴은 아무것도 상징하지 않는다. 프로파일링할 것이 아예 남아있지 않다. 표창원은 연쇄살인을 정의할 때 "범인이 남긴 독특한 흔적을 필요조건으로 규정해서는 안 된다"고 하면서도, 그 이유를 시그니처는 "무의식적으로 남겨진 흔적인 경우가 대부분"이기 때문이라고 덧붙인다.[87] 연쇄살인범은 프로파일링할 무의식이라도 있다. 충동의 인간은 프로필 없는 무형적(formless) 인간이다.

　　　범죄학자 레클리스에 따르면, 충동은 인간의 본성이고, 다만 그로 하여금 "선을 지키게(hold the line)" 하는 사회적이고 심리적인 통제가 있을 뿐이다. 그래서 통제란 "봉쇄(containment)"

87 ─ 표창원, 『한국의 연쇄살인』, 1장, 58쪽.

다.[88] 즉 **경계를 한정**하는 일이다. 연쇄살인범은 레클리스가 말하던 통제사회에 살던 이들이다. 그는 자신이 받았던 통제를 사회에 되돌려주려고 한다. 그래서 피해자를 통제하고 제압한다. 살인은 최고의 통제다. 그러나 그는 타인만큼 자기 자신도 통제한다. 지존파의 강령 중 하나는 '조직을 배반한 자는 죽인다'였다. 가장 정신병적이라고 할 만한 정남규도 침입하다 남자가 있으면 도망쳤다. 그들은 자신이 정한 '선을 지킨다'. 그럴수록 범행도 완벽해지고 잡히지 않기 때문이다.

그러나 통제는 지난 세기 패러다임이다. 봉쇄이론도 벌써 반세기 전 이론이며, 그들이 말하던 지켜야 할 경계선도 점점 사라져간다. 묻지마

---

88 — Walter C. Reckless, "A New Theory of Delinquency and Crime", *Federal Probation*, The Administrative Office of the U. S. Courts, No. 42 (Dec. 1961), p.42. 통제이론 및 봉쇄이론이 실증주의 학파와 멀어지는 것은 범죄요인의 사회적 차원을 발견했기 때문만이 아니라, 범죄성향의 인간적 보편성을 인정하기 때문이다. Walter C. Reckless·Mapheus Smith, *Juvenile Delinquency*, Mcgraw-Hill, 1932, chap.1. "차이가 있다면, 비행청소년은 잡혔고, 그렇지 않은 청소년은 잡히지 않았다는 것뿐이다."(p.15) 통제 이론의 대표 저작으로는 앞서 인용했던 다음 책을 참고. Travis Hirschi, *Causes of Delinquency*, chap.1~2. "'왜 범죄를 저지르는가?'는 이론이 대답해야 할 질문이 아니다. 질문은 '왜 범죄를 저지르지 않는가?'다."(p.34)

범죄는 그런 토양에서 자라나는 범죄유형이다. 연쇄살인범과 반대로 묻지마 범죄자는 선을 지키지 않는 것이 일이다. 그에겐 특정 행위를 차단해줄 "자아상(self-image)"[89] 자체가 없다. 그는 피해자를 통제하려고도 하지 않는다. 그 자신이 통제가 싫다. 경계선 자체가 싫기 때문이다. 충동의 인간은 경계에 봉쇄되는 것도, 뭔가가 자신의 경계를 넘어오는 것도, 아예 경계가 드러나는 것조차 견딜 수 없다. 차라리 잡히고 말지 그 경계에 막히는 저항감이라면 치가 떨린다. 그래서 통제하고 제압하는 대신, 경계 자체를 부인하고 제거하려 한다. 또 경계를 제거하기 위해 경계 짓는 대상을 제거하려 한다. 지난 세기의 폭력이 통제와 억압이었다면, 이번 세기의 폭력은 **소거와 제거**다. 이 차이는 강박증과 편집증, 히스테리와 ADHD, 멜랑콜리와 조울증, 우편과 인터넷, 대지와 하늘의 차이만큼 절대적인 것이다.

오늘날 횡행하는 모든 과잉충동은 **소거충동**을 포함한다. 소거충동은 묻지마 범죄뿐만 아니라 모든 무차별적이고 무계획적인 충동범죄를 포함하는 현대범죄의 본질이다. 소거충동은 단지 지배하려는 혹은 파괴하려는 욕망이 아니다. 지배나 파괴에는 여전히 너무 많은 통제와 경계 긋기가 들어있는

89 — Walter C. Reckless、Simon Dinitz、Ellen Murray, "Self Concept as an Insulator Against Delinquency", American Sociological Review, Vol. 21, No. 6 (Dec. 1956), p.746.

권력의 재현이다. 반면 소거충동의 핵심은 부인에 있다. 2019년 고유정은 전남편을 살해하고 시신을 훼손했다. 이틀에 걸쳐 시신을 잘게 분해해서 여기저기에 유기했는데, 한 달간의 수색에서 찾아낸 것은 고작 머리카락 일곱 점뿐이었다. 그녀는 아무 일도 없었던 것처럼 생활하다가 체포되었다. 이것이 소거충동이다. 소거충동은 그저 대상을 통제하고 지배하려는 게 아니다. 파괴하려는 것도 아니다. 소거충동은 대상을 **애초부터 없었던 것**으로 지우고 휘발시켜버리려는 무(無)를 향한 충동이다.

차별적 접촉이론이나 사회학습이론으로는 소거충동을 포착할 수 없다. 학습이론은 아직 통제하고 행동하는 인간을 전제하기 때문이다. 에드윈 서덜랜드는 "범법에 비우호적인 정의보다 범법에 우호적인 정의를 더 많이 학습하면 범죄자가 된다"[90]고 말한다. 그러나 소거충동은 정의(definition), 즉 한정하거나 경계를 긋는 것이 아니라, 반대로 어떤 한정이나 경계도 부인하고 철폐하려는 것에 가깝다. 앨버트 반두라는 "도덕성의 분리(moral disengagement)"를 말한다. 그러나 소거충동은

90 — Edwin H. Sutherland, *Principles of Criminology* (1939), J.B. Lippincott Co., 1947(4th edition), chap.1, p.6. 아홉 가지 명제 중 가장 핵심적인 여섯 번째 명제. 서덜랜드는 상이한 가치체계의 충돌이 범죄의 촉발원인이라고 보며(5장), 그래서 처벌보다는 예방이 우선한다고 주장한다(29장). 차별적 접촉이론의 대표 저서다.

"도덕적 기준과 행동을 분리"해 도덕적 기준만은 지켜내는 것이 아니라,[91] 반대로 과잉의 행동으로 도덕적 기준을 밀어버리고 철폐해버리는 것에 가깝다. 2020년 한 계모가 아홉 살 의붓아들을 여행가방 안에 가둬두었다. 그녀의 변명처럼 훈육하고 통제하려는 의도였다면 거기서 멈췄을 것이다. 그러나 그녀는 가방에 올라가 뛰기도 했고, 아이가 가방 안에서 소변을 보자 더 작은 가방으로 옮기기도 했다. 그리고 테이프로 밀봉해버렸다. 그녀는 아이가 제압되기를 원한 것이 아니라, 사라지기를 원한 것이다. 아이는 결국 사망했다. 이는 결코 학습될 수 있는 것이 아니다.

소거충동이 아니라면 우리는 오늘날의 충동범죄가 그토록 허술한 계획을 가지고도 왜 그리 잔혹해지는지를 해명할 수 없다. 학대를 정당화하는 방식을 해명할 수는 있어도, 왜 오늘날의 학대가 스스로 정당화를 포기할 정도의 이상행동으로 변질되어가는지 해명할 수는 없다. 2020년 저 계모는 아이를 가둔 여행가방 안에 드라이기로 뜨거운 바람을 불어넣기도 했다. 2013년, 또 다른 계모는 아홉 살 의붓딸을 세탁기에 넣고 돌렸다. 아이는 사망했다. 2014년 양부모가 25개월 된 입양아에게 찬물을

---

91 — 앨버트 반두라, 『도덕성의 분리와 비도덕적 행위의 정당화』, 김의철 외 옮김, 교육과학사, 2018, 1장, 13쪽. "도덕성의 분리는 도덕적 기준을 바꾸는 것이 아니라, 도덕적 기준과 자신의 행동을 분리하는 것이다."(같은 곳)

계속 끼었었다. 아이는 사망했다. 2016년 친부와 계모가 일곱 살 아들을 욕실에 가두고 락스를 퍼부었다. 아이는 사망했다. 2018년 어린이집 보육교사가 11개월 된 아이를 이불에 말아 그 위에 올라탔다. 아이는 사망했다. 2019년 간호사가 생후 5일 된 신생아의 다리를 잡고 거꾸로 흔들었다. 아이는 뇌사했다. 2020년 양부모가 16개월 된 입양아를 구타했다. 아이는 췌장파열로 사망했다. 같은 해, 친모와 계부가 달군 프라이팬으로 아홉 살 딸의 손가락을 지졌다. 지문을 지우기 위해서였다. 다행히 아이는 구조되었다. 그들은 그저 아이가 만만해서 지배하려는 게 아니다. 아이가 자신의 자유와 이상적인 가정에 들러붙어 질척거리는 거머리나 기름때처럼 느껴져서, 아이를 건조시키고 탈수시키고 유수분리하여 얼룩 지우듯 지워버리려고 한 것이다. 물론 벌레도 얼룩도 모두 망상이다. 하지만 그 망상이 충동의 브레이크를 부순다. 분리되는 것은 도덕성이 아니라 현실감각 자체다. 그런 점에서 소거충동은 디지털 시대에 나타나는 특수한 충동유형이다.

　　　현대범죄의 가슴 깊숙이 극단의 나르시시즘이 자리 잡고 있다. 모든 충동범죄자들은 나르시시스트다. 충동범죄에서 동기가 자꾸 논란이 되는 건 우연이 아니다. 소거충동이 자아의 한계까지 소거한다. 범죄심리학자 이수정은 충동범죄가 "단순히 어려운 경제사회적 환경, 그로 인한 외부적인 어려움만으로 발생하지 않는다"[92]고 말한다. 프로파일러 고선영은 충동범죄는 무동기 범죄가 아니라 "불명확한 동기를 지닌 범죄"[93]라고 말한다. 아마 범죄자 자신도 동기를 모를 것이다. 폭발하는 순간에는 식별, 판단, 기억 같은 모든 억압기제가 소거된다. 그도 그럴 게, 억압이야말로 "자아기능에 대한 경계 긋기(Einschränkung)"[94]다. 나르시시즘이 가장 먼저 살해해야 할 것이다. 대량살인뿐만 아니라 보복운전, 아동학대, 악플, 몰카, 스토킹 등에서 나타나는 모든 비합리적이고 주의산만한 특성들은 바로 거기서 나온다. 즉, 충동범죄자들이 범행을 변명하거나 거짓말하지 않는 것은 초자아와 자아의 경계를 소거

92 ─ 이수정, 「묻지마 범죄자 심층 면접을 통한 실증적 원인 분석 및 대응방안 연구」, 경기대학교·대검찰청, 2013, 58쪽. 이수정은 수감 중인 열여덟 명의 묻지마 범죄자들을 면접 조사하여, 외톨이·반사회성·정신장애라는 세 가지 하위유형으로 분류했다. 외톨이 유형이 가장 많으며, 반사회성 유형에서도 피해의식과 편집증적 측면이 관찰된다(108~417쪽).
93 ─ 고선영, 「이상동기범죄자의 성향 및 특성 프로파일링 ─ 불특정 대상 무차별 상해사건 중심으로」, 『한국경찰연구』 11권 4호, 한국경찰연구학회, 2012, 6쪽.
94 ─ 지그문트 프로이트, 「억압, 증후 그리고 불안」, 『억압, 증후 그리고 불안』, 황보석 옮김, 열린책들, 1997, 222쪽.

했기 때문이다. 충동범죄자들이 주변 사람을 의식하지 않는 것은 의식과 무의식의 경계를 소거했기 때문이다. 충동범죄자들이 도주하거나 증거를 인멸하지 않는 것은 환상과 현실의 경계를 소거했기 때문이다. 그러니까, 충동범죄는 **자기 자신의 한계마저 부인하고 소거하는 과잉자아**(hyperego)의 독재에 의해 일어난다. 모든 충동범죄는 반드시 ADHD적이다.

　　　　　충동범죄는 사이코패스와 아무런 상관이 없다.[95] 사이코패스가 반사회적인 성향을 갖는 것은 그의 자아가 적어도 초자아에 저항하여 이겼기 때문이다. 반면 과잉자아는 초자아와 싸우지 않는다. 그를 흡수하고 먹어버린다. 가령 지난 세기의 연쇄살인범들은 이기든 졌든 죄책감과 싸웠던 자들이다. 정두영은 4차 범행에서 아기만은 살려주었다. 유영철은 살인 행각을 벌이기 전에 종교에 귀의하려고도 했다. 정두영은 체포 직후 왜 그랬냐는 질문에 "내 안에 악마가 있다"고 대답한다. 이러한 나와 악마를 가르는 경계, 이것이 죄책감과의 전투가 일어나는 초자아와 자아의 군사분계선이다. 반면 오늘날의 충동범죄자에겐 그런 분계선이 없다. 죄책감과 싸울 필요도 없다. 2019년 시비 붙은 손님을 충동적으로 살

---

95 — 윤선영·김나란·임은지·이수정,
「묻지마 범죄자의 심리특성과 피해의식」,
『한국범죄학』 11권 2호, 대한범죄학회, 2017.
"피해의식 경험이 묻지마 범죄자들에게서
공통으로 발견되었다. (반면) 사이코패스
성향의 묻지마 범죄자들은 매우 소수
존재하였다."(58쪽)

해해 사체까지 훼손한 장대호는 체포 직후 왜 그랬냐는 질문에 다음처럼 대답한다. "고려시대 때 김부식의 아들이 정중부의 수염을 태운 사건이 있었다. 정중부는 잊지 않고 있다가 무신정변을 일으킨 당일 그를 잡아 죽였다." 무신정변의 수장에게 동일시하려고 고려시대까지 단숨에 팽창하는 **가상적인 과잉자아**, 그것이 오늘날의 충동범죄자들이 동일시하는 초자아다. 이런 까닭에 대부분의 충동범죄자들은 사이코패스처럼 범행을 합리화하지도 않는 것이다. 그들에겐 합리화의 근거가 될 현실원칙이 아예 없다. 클라인은 "초자아의 결핍이 아니라 초자아의 과잉된 가혹함"이 범죄성향을 증가시킨다고 말한다.[96] 오늘날의 상황에 이보다 더 적합한 진단은 없다. 일반적으로 충동범죄에서 **과잉자아**(hyperego)**가 초자아**(superego)**를 대행한다**. 모든 충동범죄는 반드시 조울증적이다.

같은 이유로 과잉자아는 밤낮을 가리지 않는다. 오늘날의 충동범죄가 버젓이 대낮에 일어나며 점점 테러의 형태를 띠어가는 것은 과잉자아 안에는 충동을 숨길 장소도 시간도 없기 때문이다. 현

---

96 — Melanie Klein, "The Early Development of Conscience in the Child", LGR, p.251. 클라인이 말하려는 바는 죄책감이 범죄를 일으키는 것이 아니라, 반대로 죄책감에 대한 방어가 범죄를 일으킨다는 것이다. 그래서 "같은 심리학적 뿌리로부터 편집증과 범죄성이 갈라져 나온다."(같은 책, "On Criminality", p.260)

대 충동범죄는 본질적으로 노출증적이다. 오윤성은 모든 무동기 범죄에 "자기과시의 본능"이 내재한다고 말한다.[97] **관객 없이 일어나는 충동범죄란 없다**. 2003년 대구 지하철, 2008년 논현동 고시원, 2014년 도곡역, 2018년 종로 여관, 2019년 광주 모텔 방화 사건에서 불이 범행도구로 선택된 것은 불이야말로 사람들을 즉각 끌어모으기 때문이다. 고립된 공간에서 은밀히 진행되는 아동학대도 예외는 아니다. 현대의 아동학대에는 범행을 인증해줄 공범이나 다른 아이들이 반드시 있거나, 피해를 핸드폰으로 촬영해놓는 등 가해자 스스로가 관객이 되려고 하는 노출증적 이상행동이 반드시 있다. 2020년 '정인이 사건'에서도 가해자들이 아이를 입양한 목적이 돈에 있다고 볼 수 없다. 그들은 헌신적 가족 이미지를 셀카로 담으려고 입양했다. 충동범죄자는 **인증받으려고 한다**. 현실에서뿐만 아니라 자아 내부에 더는 경계가 남아있지 않음을, 남김없이 소거되었음을. 그래서 설령 혼자더라도 인증해줄 관객이 필요한 것이다. 충동범죄자가 증거를 인멸하지 않는 것은 멍청해서가 아니다. 그는 자아의 과잉과 팽창을 과시하고 그 경계의 인멸을 인증하느라 바빠서 외부 증거를 인멸할 겨를이 없는 것이다. 2018년 거제 신오교, 폐

97 — 오윤성, 『범죄, 그 심리를 말하다』, 박영사, 2016, 5장, 119쪽. "자신의 성취 능력을 사회적인 통념에서 제시할 수 없는 사람은 어떤 것을 통해서라도 무엇이든 할 수 있다는 것을 보여주려고 한다."(같은 곳)

100

지 줍던 노인을 이유 없이 폭행해 살해한 20대 남성은 현장을 떠났다가 제 발로 돌아와 정말로 죽었는지 궁금해 기웃거리다 붙잡혔다. 그에게 자아의 경계가 소거되었음을 인증하는 일보다 급한 것은 없었다. 모든 충동범죄자는 인플루언서(influencer)가 되기를 욕망한다. "의식과 무의식의 유동적인 경계(fluid boundary)"[98]를 넘어서 만인에게로 흐르는(fluent). 모든 충동범죄자는 반드시 관종이다.

정말이지, 이번 세기 충동의 인간은 행동하고 통제하려 했던 지난 세기의 인간과는 전혀 다른 종이다. 연쇄살인범은 적어도 결벽증자였고 강박증자였다. 상황 파악과 증거인멸에 철저했다는 점에서 그렇다. 유영철은 4차 범행에서 현장에 방화하고 불이 제대로 붙는지 확인하려고 건너편 건물 옥상에 올라가 30분을 지켜보았다. 실제로 유영철은 정리 강박이 있었다. 또 정남규는 수사상황에 관한 기사들을 스크랩하는가 하면, 표적을 물색하다가 실패하는 날에는 범행 장소에 가서 이전 살해 장면을 떠올려보는 것으로 스스로를 제어했다. 일반적으로 아주 망상증적인 연쇄살인범조차 반복과 재현이라는 강박증적 기제를 사용한다. 가령 그는 범행 전에도 장면을 재생해보고 범행 후엔 장면을 회상한다.[99] 통

---

98 — Melanie Klein, "Some Theoretical Conclusions Regarding the Emotional Life of the Infant", EG, p.87. 정신분열증 부분.
99 — 연쇄살인의 단계 구분, 특히 범행 전에 머릿속에서 장면을 미리 재생해보는 '아우라

제불능의 강박이란 없다. 강박은 이미 환상의 통제다.[100] 반면 충동범죄자는 결벽이나 강박과는 거리가 멀다. 그는 노출증적이고 편집증적이다. 노출될 수만 있다면 현장이 더럽혀지는지 은폐되는지 상관하지 않는다. 그가 피범벅이 된 현장에 결벽증적으로 반응할 때는 피까지 말끔히 지워졌음을 인증해야 할 때뿐이다. 충동범죄자는 장면을 꿈꾸지 않는다. 그는 이미 그 꿈을 살고 있다.

　　　　물론 지난 세기 범죄자도 인증하지 않은 것은 아니다. 가령 피는 변태적인 살인마에겐 흥분제였을 수 있다. 통제와 지배가 달성되었다는 증거이자, 위력의 상징이었을 테니까(그래서 피범벅의 현장을 과시하려 일부러 남겨두거나, 피해자 신체의 일부를 기념품으로 챙겨가는 경우도 있었다). 그러나 피의 위상학적 의미는 달라졌다. 오늘날의 충동범

단계'와 범행 후에 장면을 회상해보는
'토템 단계'에 대해서는, 오윤성,
『범죄, 그 심리를 말하다』, 11장,
398~402쪽 참고.
100 ― 머튼의 긴장 이론(아노미 이론)도
강박증적 패러다임에 속한다. 범죄를
여전히 목적과 수단, 행동과 기준의 모델로
정의한다는 점에서 그렇다. "성공에 대한
압력이 목적에 쓰일 수단에 대한 사회적
통제(constraint)를 제거한다. '목적이
수단을 정당화한다'는 교리가 행동의
원칙이 된다."(Robert K. Merton,
"Social Structure and Anomie",
American Sociological Review,
Vol. 3, No. 5 (Oct. 1938), p.681.)

죄자에게 피는 더 이상 위력의 증거가 아니라 소거의 증거일 뿐이다. 그래서 때로는 미치도록 닦고 지워서 인증을 완성해야 하는 것이다. 헤모글로빈은 계급을 모른다. 이 점이 연쇄살인범을 매혹했다. 그러나 다른 한편 헤모글로빈은 들러붙어 사라질 눈치를 모른다. 이 점이 충동범죄자를 더더욱 짜증나게 한다.

교정학은 응보주의에서 교육형주의를 거쳐 무력화주의로 패러다임을 바꿔왔고, 범죄학도 범죄 원인을 이해하는 범죄사회학과 범죄심리학에서 범죄효과를 최소화하는 예방주의나 피해자학으로 패러다임 선회 중이다. 공동체가 해체된 특정 지역에서 범죄가 발생한다는 시카고 학파의 대전제도 이젠 무력하다. 오늘날은 모든 지역이 그런 해체지역이다.[101] 범죄가 이성의 한계뿐만 아니라 상상력의 한계를 넘어서는 쪽으로 패러다임을 이동시키고 있다는 의미다. 그만큼 악마의 자아 자체가 **한계 없이 과잉팽창**하고 있다는 의미다.

지난 세기의 범죄자가 재현하고, 통제하고, 저항하고, 히스테리적이고 결벽증적이고 강박증적이었다면, 이번 세기의 충동범죄자는 부인하고, 소거하고, 인증하고, ADHD적이고 노출증적이고 편집증적이다. 중2가 관종이 될 수 없는 것처럼, 아

---

101 — Clifford Shaw、Henry D. McKay, Juvenile Delinquency in Urban Areas, University of Chicago Press, 1942. 특히 6~7장. "범죄율이 높은 지역은 행위의 규범이나 기준이 다양하다는 특징이 있다."(p.171)

무리 노력해도 연쇄살인범은 묻지마 살인범이 될 수 없다.

충동범죄는 좌절–공격 모델을 졸업했다. 적어도 좌절과 공격 개념을 변형시켰다. "실패나 좌절에 의한 역치(threshold、경계)가 매우 낮은"[102] 충동범죄는 좌절이 아니라 좌절의 부인에, 공격이 아니라 소거에 입각한다. 동물이 먹이가 눈앞에서 사라지면 으르렁대는 것은 당연한 것이다. 외려 오늘날 찾아야 할 대답은 먹이가 사라진 적이 없는데도 왜 으르렁대느냐는 것이다. 도대체 그 눈엔 뭐가 보이느냐는 것이다. 이번 세기에 좌절되는 것은 현실과 대상이 아니라, 가상과 자아다.[103] 고로 프로

---

102 — 고선영, 「이상동기범죄자의 성향 및 특성 프로파일링 – 불특정 대상 무차별 상해사건 중심으로」, 『한국경찰연구』 11권 4호, 20쪽.

103 — 버코위츠 같은 후대 학자들은 논란이 되어왔던 "좌절" 개념을 확장해서 좌절–공격 모델을 충동범죄에 적용하려고 한다. 목적달성의 좌절만이 공격행위의 충분조건이 되는 것이 아니라, 지속되거나 급격한 좌절이 야기하는 감정적 흥분이 공격행위를 준비상태로 만든다는 것이다. "불쾌한 자극을 받아 일으켜진 감정 상태는 그 안에 공격반응을 유발하는 변별자극을 포함한다."(Leonard Berkowitz, "The Frustration-Aggression Hypothesis Revisited", Roots of Aggression, ed. Leonard Berkowitz, Atherton Press, 1969, p.18) 그러나 여전히 외부 자극이 왜 특정 내부 자극으로 연결되는지, 나아가 누구의

파일링되어야 할 것은 그들의 역사와 과거가 아니라, 그들의 환상과 미래다.

지난 세기의 범죄가 너무 많은 통제와 억압 때문에 일어났다면, 이번 세기의 범죄는 너무 많은 가능성과 자유 때문에 일어난다. 그러나 너무 많은 가능성은 가능성이 아니다. 그것은 **들뜨고**(hyper) **부풀려진**(inflated) **가능성**으로서 사소한 옷깃 스침에도 반드시 가치폭락한다. 그때 묻지마 범죄는 터져 나온다.

충동범죄의 동기를 '불우한 과거'나 '사회 불만'에서 찾는 견해는 두 패러다임을 혼동하는 것이다. 그건 지난 세기에나 통용되던 구닥다리 프로파일이다. '피해의식'을 말하기도 하지만, 여전히 이전 패러다임과 혼동된다. 많은 ADHD 아동이 행동이 제한되면 흥분하며 억울함을 호소한다. 충동범죄자가 폭발할 때 느끼는 감정이 이와 같다. 과거 폭행범이나 살인범의 핵심 감정은 사회나 개인에 대한 적대감이고 복수심이었다. 그들에게 세계는 그들을 억압했던 '적'이기 때문이다. 그러나 오늘날의 사정은 정반대다. 충동범죄자에게 세계는 적이 아니다. 억압한 바 없기 때문이다. 외려 그에게 세계는 억압이란 더 이상 없으니 얼마든지 과잉하라고 다독여준 부모

흥분이고 누구를 향한 공격인지 해명되진 않는다. 좌절-공격 이론은 강박증과 편집증, 통제와 과잉의 패러다임을 구분하지 않는 이상 소거충동을 포착할 수 없다.

님이기도 하고, 과잉의 이론과 실천을 친절하게 가르쳐준 선생님이기도 하며, 같이 과잉하자며 함께 들떴던 친구이기도 하다. 그래서 과잉행동이 한정되었을 때 그가 먼저 느끼는 감정은 분노, 적대감, 복수심보다는 억울함, 배반감, 수치심에 가깝다.

사회학자 김찬호는 모욕감과 모멸감을 구분한다. "그 감정을 유발하는 사람을 분명하게 지목할 수 있는" 모욕감은 지난 세기 반사회적 분노에 사무친 범죄자들이 느꼈을 감정이다. 하지만 "모멸감은 누군가가 나를 직접 모욕하지 않았다 해도 느낄 수 있다. 또는 어떤 상황 자체가 모멸감을 불러일으킬 수 있다."[104] 모멸감은 이번 세기의 충동범죄자들을 지배하는 감정이다. 단, 과잉자아가 과잉사회에 대해 느끼는 과잉에 의한 과잉의 모멸감인 것이다. 2013년 평택에서 차량을 돌진해 아무나 상해했던 범인은 "사람들이 웃으면서 활기차게 무리 지어 가는 것을 보면 차로 치고 싶었다"고 진술했다. 오늘날 충동범죄자가 칼을 들고 길거리로 나설 때, 휘발유 통을 들고 지하철로 향할 때, 아파트 옥상에서 돌을 들고 세상을 내려다볼 때, 그의 눈에 보이는 것은 단지 적이 아니다. 그에게 세상은 적이 아닌 **배반한 친구**처럼 보인다. 더구나 그에게 주어졌던 가능성이

---

104 — 김찬호, 『모멸감』, 문학과지성사, 2014, 1장, 67쪽.

많을수록 배반한 친구들은 더 많아진다. 배반한 친구는 적보다 더한 원수다. 충동범죄에서 면식범죄가 아닌데도 원한범죄의 모든 특징들이 나타나는 이유다. 범죄학자 박순진의 뛰어난 분석대로, 충동범죄는 그저 남남을 향한 화풀이가 아닌 **"부인받은 상호성을 회복하려는"** 시도인 것이다.[105]

그러니, 충동범죄는 모두가 친구일 수 있는 네트워크 사회에서만 가능한 범죄유형이다. 모든 시공간의 한계를 폐지하고 '너는 뭐든지 할 수 있다'며 과잉자아의 편집증적 팽창을 부추기는 사회가 아니면, 충동범죄는 결코 나타날 수 없다. 그런 점에서 **모든 충동범죄는 디지털적이고, 모든 과잉자아는 하이퍼적이다.** 실제로 인터넷은 충동범죄가 가장 쉽게 활성화되는 공간이다. 이미 악플은 충동범죄다. 묻지마 살인자가 칼을 들고 다니다 아무나 찌르는 것

---

105 — 박순진, 「'불특정 다수를 향한 범죄'의 사회적 원인에 대한 연구」, 『한국공안행정학회보』 17호, 한국공안행정학회, 2004, 223쪽. '사회적 고립'이나 '피해의식' 같은 막연한 개념이 가려버리는 충동범죄의 네트워크적 측면을 밝혀내는 아주 중요한 논문이다. "(충동범죄에서) 범죄자와 피해자는 완전히 다른 경험을 한다. 피해자는 그냥 지나치는 낯선 사람에 불과하지만 범죄자에게 '의미를 가진 타인'으로 인식된다."(217쪽) 아울러 박순진은 충동범죄를 비합리적 행위로 이해하는 경향이야말로 "'합리적 인간'이라는 이미지를 유지하고자 하는 집단적 이기심을 드러내는 것"이라고 비판한다(220쪽).

처럼, 악플러도 댓글을 들고 다니다 아무나 찌른다. 악플은 상대의 인격을 소거해 악플러 자신의 자아를 부풀리는 행위다. 익명성이 그의 어설픈 도주로다.

아무리 정교한 링크와 VPN으로 무장해도 디지털 성범죄 역시 충동범죄다. n번방 사건에서 가해자들의 목적이 돈이나 성이었다고 볼 수 없다. 지겨워지면 파일을 지워버리거나 남에게 넘겨버리는 식의 통제 욕망도 부차적 차원에 남아있다. 거기에는 아무나 걸리면 '노예'로 만들어 영혼을 지워버리고, 몇만 명의 관객을 끌어모으며, 그 비명과 피눈물만큼이나 팽창해가며 스스로 전능하다고 여기는 망상적 과잉자아의 망상적 과잉발육 이외엔 다른 목적이 없다. 'n번방'의 관리자 문형욱의 ID는 '갓갓'이었다. '갓'이 두 번이나 있다. n번방 사건은 집단 묻지마 성착취다. 다른 묻지마 범죄나 악플 범죄처럼 이 역시 억압된 무의식의 표현이라 볼 수 없다. '박사방'의 조주빈이 남긴 표식은 브랜드지, 시그니처가 아니다. 과대망상의 지옥인 여기에는 어떤 억압이나 은밀함이, **아예 무의식 자체가 없다**. 모든 충동은 하이퍼링크를 타고 그대로 노출되어 팔로우되고 업데이트되고 다운로드된다.

분명 미디어는 충동범죄를 부추긴다. 그

러나 사회학습이론이 말하는 것처럼 행동의 학습이나 모방을 통해서는 아니다. 이미 행동이 아니기 때문이다. TV와 영화에 나오는 폭력 장면 좀 따라 한다고, 인터넷에서 범죄수법 좀 검색해본다고 백주대낮의 칼부림이 나오진 않는다. 반대로 범죄수법을 스스로 찾도록 하는 충동의 주관적 형식이 먼저 전이되지 않으면, 불을 질러서 대피해 나오는 사람들을 찌르고, 아이를 여행가방에 밀봉하는 등의 괴기한 수법들은 결코 창작될 수 없다. 만약 미디어가 범죄에 뭔가를 기여한다면, 그것은 폭력적인 내용이 아니라 하이퍼한 형식의 교육을 통해서다. 즉 하이퍼미디어와 하이퍼링크를 통해 학습되고 모방되는 것은 **하이퍼한 인격 자체**, 하이퍼할 수 있다는 **전능감 자체**다. 오늘날, 차별적 접촉이론이 가정하는 것과 같은 "중립적인"[106] 접촉이란 없다. 모든 접촉은 하이퍼한 접촉이다. 과잉충동의 인간은 이미 걸어 다니는 하이퍼링크다. 그래서 조금이라도 막히면 폭발한다. 거슬리면 폭발한다. 성가시면 폭발한다. 즉, 경계 지어지면 폭발한다. 인터넷 검색은 그다음에 온다.

같은 이유로 소거충동은 파일을 마우스

---

[106] — Edwin H. Sutherland, *Principles of Criminology*, chap.1, p.7. 차별적 접촉이론은 학습되어도 범죄에 영향을 끼치지 않는 "중립적인 접촉(neutral association)"을 전제한다. "개인의 경험 중 많은 부분이 중립적이다. 이를 닦는 것처럼."(같은 곳) 이런 가정은 하이퍼미디어 환경에선 무력하다.

버튼 하나로 쉽게 지우고, SNS 친구를 언팔 버튼 하나로 쉽게 차단하는 클릭의 형식이 충분히 학습되고 교육되지 않으면 출현할 수 없는 충동유형이다. 우리는 인간 공격성의 뿌리가 유아기의 전능환상, 눈 한번 깜박이는 것만으로도 세계를 절멸시킬 수 있다고 있다고 상상하는 그 "마술적 파괴성"에 있다는 대상관계이론의 견해를 지지한다.[107] 오늘날 그 눈 깜박임이 클릭이라는 날개를 달았을 뿐. '파괴충동'이나 '죽음충동'이란 말은 너무 추상적이다. 정확히 말해, 소거충동은 **Shift+Delete 충동**이다. **친구삭제 충동**이고 **리셋 충동**이다. 고유정은 전남편을 파괴하려고 한 것이 아니다. 전남편을 Delete해서 자신의 세계를 리셋하려고 한 것이다. 만약 현실도 지울 수 있는 Delete 키가 있었다면 고유정은 칼 대신 그걸 썼을 것이다. 소거충동은 순삭충동이다. 모든 충동범죄자들은 리셋증후군 환자들이다.

충동범죄자들이 상대적으로 높은 교육 수준에도 연쇄살인범보다 범행 은폐가 허술한 이유도 여기 있다. 2010년 잠원동 묻지마 살인사건의

---

107 — 도널드 위니캇, 『아이, 가족, 그리고 외부세계』, 이재훈 옮김, 한국심리치료연구소, 2018, 35장, 312쪽. 위니캇의 이런 입장을 기존의 좌절-공격 모델과 혼동할 수 없다. 위니캇은 전능환상 단계와 반사회적 단계를 구분할 뿐만 아니라, 반사회적 공격성은 내면적 대상이 좌절된 발달단계로서 외려 사랑과 신뢰의 가능성마저 있다고 본다(34장).

가해자는 범행 후 다시 돌아와 아무 일도 없던 것처럼 인터넷 게임을 했다. 고유정뿐만 아니라 김성수, 장대호, 문형욱과 조주빈도 범행 후 하던 일을 계속했고, 아예 범행이 생활의 일부였다. 엄밀히 말해, 그들은 자신들이 한 짓을 완전범죄로 판단해 도주하지 않은 것이 아니다. 외려 그들은 그저 대상을 삭제했다고 망상했기에, 즉 하나의 폴더를 삭제해도 다른 폴더들은 그 자리에 그대로 있는 것처럼, 범행 후에도 자기 인생의 폴더가 그 자리에 그대로 있을 거라고 망상했기에 '도주할 수 없었다'. 오늘날 하이퍼미디어 환경이 범죄에 기여하는 것은 편집증과 나르시시즘이다. 장대호는 옥중서신에 다음처럼 적었다. "죗값은 지옥 가서 치르면 됩니다. 저의 블로그는 blog.naver.com/mjdancesong."

묻지마 범죄자가 느끼는 울분이 왕따의 감정과 유사하다는 견해는 설득력이 있다. 단, 그것은 얼마든지 하이퍼링크되었을 잠재적 친구들로부터 나 혼자만 차단당한다는 '하이퍼 왕따감'이다. **묻지마 범죄자는 왕따당한 하이퍼링크 자체다**. 그는 단지 사회로부터 소외당해서 폭발하는 게 아니다. 소외 가지고는 그 정도 폭발력이 나오진 않는다. 그는 사회로부터 차단당했고, 친구삭제당했고, 언팔당했고, '싫어요'당했고, 강퇴당했다. 그래서 더 외롭다. 더 억울하다. 더 모멸적이고 더 울화가 치민다. 더구나 세상의 하이퍼링크가 촘촘해질수록 울화는 더, 더, 더 커진다. 죽일 친구도 더, 더, 더 많아진다.

인류의 광기가 하늘을 찌르던 1933년, 수학자이자 언어학자인 코르지브스키는 그 주범으로 말과 사물을 동일시하는 "양가적(two-valued)" 언어구조를 지목했다. 가령 "신호와 먹이를 동일시"하는 언어밖에 없는 동물은 "신호와 먹이의 부재"도 동일시할 수밖에 없는데, 인간도 이진법적 언어구조에 갇혀있는 한 그와 같은 "의미론적 교란"은 불가피하며, 이는 "극미시적 콜로이드 수준"에서 신경계 장애를 일으켜 범죄와 광기의 원인이 된다는 것이다.[108] 학계에선 헛소리로 치부되던 코르지브스키의 진단은 오늘날 너무도 유효하다. 하이퍼링크라는 이진법적 신호가 도처에 깔려있다. 사회학습이론은 디지털을 잊고 있다. 충동범죄란 신호와 친구, 과잉링크와 과잉자아를 동일시하다가 조증(1)과 울증(0)으로 비트화되어 야기되는 "신경계 교란

---

108 — Alfred Korzybski, Science and Sanity (1933), Institute of General Semantics, 1958(4th edition), chap.XIII, pp. 194~196, chap.XIX, pp. 304~305.
"유아의 의미론은 '모든 것은 자기 자신과 동일하다'는 '동일성의 법칙'을 따르는데, 그 양가적 특성은 'A는 B거나 B가 아니다'라는 정식으로 표현될 수 있다."(p.194)

(nervous disturbance)"[109]에 다름 아니다. 신호는 많은데 정작 진짜 친구는 없다. 그러니 신호가 넘쳐날수록 과잉자아는 더, 더, 더 교란된다. 더, 더, 더 폭발한다.

한마디로 묻지마 범죄는 하이퍼미디어와 하이퍼링크가 넘쳐나는 사회에서만 가능한 범죄 유형이다. 모두가 나의 친구일 수 있는 **하이퍼 나르시시즘 사회**는 모두로부터 차단될 수 있는 **하이퍼 왕따 사회**를 낳는다. 오늘날 업데이트되고 다운로드되는 것은 과잉자아 자체이고, 그와 짝패인 소거충동이다. TMI란 Too Much Impulse다.

물론 묻지마 범죄를 저지르기 위해 꼭 인터넷을 잘할 필요는 없다. 컴퓨터 게임도 SNS도 몰라도 좋다. 그게 아니어도 길거리에 넘쳐나는 사람들과 간판들, 슈퍼마켓 진열장에 넘쳐나는 상품들, 거기에 프린트되어 환하게 웃고 있는 이상적인 가족들, 그만큼 이상적인 미래, 그것을 아예 현실인 것처럼 꾸미는 TV 예능프로그램과 광고들, '넌 뭐든지 할 수 있다'며 더, 더, 더 하라고 명령하는 자기계발의 언어들, 그런데도 될 놈은 되고 안 될 놈은 안 되는 경제양극화, 모든 가치가 휘발되어 바람처럼 왔다가 바람처럼 사라지는 순삭 문화… 이 모든 과잉현상이 이미 랜선 없는 하이퍼링크로 너무도 훌륭히 기능한다.

　　　이제 더 이상 낙인이론은 통하지 않는다. 낙인이 너무 많다. 과잉을 장려하고 부추기고 연습시키는 모든 이미지와 언어들이 만인을 잠재적 왕따로 예약하는 낙인기계들이다. 너무 많은 낙인은 낙인이 아니다. 이번 세기, 우리 모두가 잠재적인 충동범죄자다.

　　　사람들은 이 사회에 미래가 없어져서 충동범죄가 일어난다고 개탄하지만, 엄밀히 말해 충동범죄자가 잃은 것은 단지 미래가 아니라 시간 전체다. 지난 세기에 시간은 적어도 범죄의 편이었다. 타이밍을 기다리고 조절할수록 범행은 성공했고, 시간이 흐를수록 잡히지 않았으니까. 그러나 이번 세기, 시간은 범죄를 배반했다. 이제 시간은 '너는 뭐든지 할 수 있다'고 부추기면서도 '너는 아무것도 할 수 없다'고 막아서는 변덕쟁이 교란자일 뿐이다. 범죄자는 기다리고 조절하기를 포기하고 충동의 순간 안으로 도피해, 밤낮을 가리지 않고 날을 세운다. 잡히는 것도 상관하지 않는다. 어차피 시간은 그의 편이 아니기 때문이다. 충동범죄는 시간의 배신에 대한 울분이다.

그러니까, 충동범죄는 현대사회가 앓는 시간결핍증의 반영이다. **충동범죄도 순삭병이다.** 지난 세기의 연쇄살인범 정두영은 "내 안에 악마가 있다"고 말한다. 하지만 n번방 사건의 조주빈은 "악마의 삶을 멈춰줘서 감사하다"고 말한다. 지난 세기의 연쇄살인범 온보현은 "내 나이만큼 사람을 죽이겠다"고 말한다. 하지만 충동살인범 장대호는 "다음 생에 또 그러면 너 나한테 또 죽어"라고 말한다. 오늘날 악마는 내면에라도 숨어있지 않다. 숨을 시간 자체가 없다. 나이를 먹지도 않는다. 윤회할 다음 생까지 흡수해버린 절대적 순간 안엔 역사 자체가 없다. 프로파일링도 소용없다. 시간이 흐르지 않아 과거도, 무의식도 쌓이지 않는다. 거기엔 프로파일링할 역사 자체가 없다. 오늘날의 사회도 그렇다.

오늘날 시간은 범죄자를 버렸고, 범죄자도 시간을 버렸다. 하지만 시간이 범죄자의 편도 아닌데 누구의 편일 수 있을까? 코르지브스키는 범죄와 광기의 본질이 동물적 상태로 퇴행하는 "유치증(infantilism)"이라고 말한다. 충동범죄는 물질의 발달 속에서 정신은 어려지고 퇴행해버린 유치증적 사회의 반영이다. 유치증의 기본적 특성은 편집증적 나르시시즘이다. "아기에게 울음은 음식과 동일하다.”[110] 그래서 울어도 음식이 없으면, 때와 장소를 묻지 않고 폭발해버린다. 오늘날의 인간도 그렇다.

연쇄살인은 적어도 때와 장소를 물었다. 기준과 한계를 묻는 사회였기 때문이다. 반면 충동범죄는 때와 장소를 묻지 않는다. 아무것도 묻지 않는다. 오늘날 사회가 시공간의 한계도, 자아의 한계도, 아무것도 묻지 않기 때문이다. 과잉사회도 프로파일링되지 않는다. 과잉은 시그니처가 아니다. 연쇄살인은 더 이상 일어나지 않는다. 이 사회에 연쇄가 일어날 시공간 자체가 없다.

110 — 같은 책, chap.XIII, p.201.

6

폭식증 자본주의

**모든 것을 집어삼키는
돈의 힘**

마르크스에 따르면, 인류 최초의 묻지마 살인마는 자본주의다. 그는 심각한 충동조절장애 환자이기도 하다. 이 점에서 마르크스와 고전경제학이 대립했다. 즉 고전경제학은 등가교환이나 '보이지 않는 손' 같은 환상을 믿으며 자본주의의 절제력을 과신하고 있으나, 마르크스가 볼 때 자본주의는 충동의 체계이며, 무엇보다 잉여를 추구하는 과잉충동 체계다. 그래서 자본은 잉여라면 어디든 묻지도 따지지도 않고 달려가서 개발하고 착취하는 것이다. 자본도 경계라면 치가 떨린다. "자본은 자신의 제약을 넘어서려는 무제약적이고 무한한 충동이다."[111] 마르크스는 자본주의가 과잉의 패러다임에 속하는 체계임을 간파한 최초의 철학자다.

마르크스는 충동의 종목까지 지목했다. 자본주의는 폭식증자다. 자본주의의 과잉충동은 궁극적으로는 "흡혈귀"처럼 "잉여노동을 **흡수**하려는 충동"[112]이기 때문이다. 이 점에 있어선 마르크스주의조차 마르크스를 오해한 것 같다. 마르크스주의는 잉여착취를 절도로 간주하곤 하지만, 도둑은 경계는 지킨다. 반면 빨고 먹는다는 것은 경계를 허물거나 적어도 희미하게 만든다. 더구나 도둑 좀 맞았다고 "피와 살, 신경과 뇌까지 탕진"[113]되진 않는다.

---

111 — 카를 마르크스, 『정치경제학 비판 요강』 1권, 김호균 옮김, 백의, 2000, 자본에 관한 장, 1절, 344쪽.
112 — 카를 마르크스, 『자본론』 1권(상), 김수행 옮김, 비봉출판사, 2001, 3편 10장, 307쪽.

그건 육체나 정신의 경계를 잃은 자의 특성이다. 실제로 마르크스는 자본주의가 기존의 경제체제에 대해 가지는 우월성이 경계선들을 처리하는 독특한 방식에 있다고 보았다. 자본이 노동력, 상품, 화폐 같은 가치의 흐름을 분할하는 것은 그중 일부를 흡수하기 위해서다. 흡수는 그저 비유가 아니다. 『자본론』의 요지는 자본주의가 기존 체제의 **경계들을 빨판으로 대체**하는 흡수의 체계라는 것이다. 그러나 처먹다간 체한다. 흡수량이 과포화됨에 따라 "총자본이 그것의 크기에 비하여 점점 적은 잉여노동을 흡수"[114] 하게 되는 흡수력의 감퇴(=증가)는 불가피하며, 그로써 자본주의는 필히 '이윤율 저하'라는 운명적 소화불량을 맞이하게 될 거라고 마르크스는 예측했다. 공황이란 과식에 의한 소화장애다.

　　　　　"모든 것을 삼켜버리는 식욕"[115] 없이 자본주의는 아무것도 아니다. 18세기부터 자본주의는 폭식증 자본주의, 식탐 자본주의였다. 자본주의는 태생적인 과식증자(hyperphagia)다. 자본주의는 **흡수충동**(absorb impulse)이다. 자본주의에게 과잉의 패러다임은 과식의 패러다임이다.

　　　　　오늘날 소비주의가 경제를 주도한다는 것이 놀랄 일은 아니다. 소비(consume)란 이미 먹

---

113 ― 카를 마르크스, 『자본론』 III권(상), 김수행 옮김, 비봉출판사, 2004, 1편 5장, 101쪽.
114 ― 같은 책, 3편 13장, 258쪽.
115 ― 같은 책, 5편 24장, 486쪽.

음이다. 하지만 그건 지난 세기와는 전혀 다른 양상이다. 과거엔 적어도 소비자가 상품을 먹었다. 가령 이층집과 그랜저를 뽐내던 1980년대 과소비자는 적어도 상품을 선택했고, 자아를 선택했다. 자아는 실현되었다. 소스타인 베블런의 말처럼 지난 세기의 과소비는 적어도 계급적 "기준을 준수"[116]했던 것이다. 반면 이번 세기, '2+1' 혹은 '포인트 적립' 형식으로 과잉공급되는 상품들은 과잉 외에 선택의 기준이 없다. 슈퍼카를 사려고 집을 파는 명품중독, 쓰지도 않는 물건들을 클릭해대는 쇼핑중독, 카드빚을 돌려막는 성형중독의 경우처럼 자아의 최종선택도 끝없이 유보된다. 이때 자아는 현실적 자아가 아닌, 가상적인 과잉자아로서 영영 실현되지 않기 때문이다. 그래서 소비도 영영 멈추지 않는다. 기준을 지키는 과소비란 이젠 옛말이다. **오늘날 더 이상 한계효용의 법칙은 성립하지 않는다.** 자아에 기준과 한계가 없어 먹을수록 배고파진다. 소비자가 상품을 먹는 게 아니라, 상품이 소비자를 먹는다고 할 상황이다.

그러니까, 폭식증 자본주의는 **먹는 자와 먹히는 자의 경계를 철폐**한다. 자본주의는 흡수충동을 점점 내재화하고 자동화하는 방향으로 진화해왔

---

116 ─ 소스타인 베블런, 『유한계급론』, 정수용 옮김, 동녘, 1983, 4장, 95쪽. 베블런은 19세기 과시적 소비나 유흥이 약탈문화의 연장이라고 말한다(1장). 그래서 과잉의 패러다임에 통하지 않는 개념인 것이다. 약탈자는 적어도 경계를 지켜 약탈한다.

다. 신자유주의로 대표되는 노동의 유연화와 공공부문의 민영화는 포드주의(Fordism) 시절과 같은 대규모 빨판 확장공사가 아니었다. 반대로 그것은 다단계 하청구조처럼 사회 전반에 미세한 흡수막을 촘촘하게 심어 넣는 빨판 밀집술이었고, 개인의 내면에 흡수막을 삽입하는 빨판 이식술이었다. 특히 온라인 플랫폼 기업은 위험과 비용을 외주화해 개인까지 다단계 하청업체로 만들어버린다. 노동의 유연화란 노동의 SNS화다. 그로써 계급이라는 마지막 경계선도 무너진다. 신자유주의의 언어인 자기계발론은 주체를 수동적인 노동자나 소비자가 아닌, 1인 기업과 1인 브랜드로 규정한다. 자기계발 주체는 자기 자신의 경영자이자 CEO다. 그는 그저 상품을 소비하지 않는다. 자기 자신을 상품으로 끊임없이 개발하고 또 과잉개발하며 **스스로를 소비**함으로써 자기생산과 자기소비를 일치시킨다. 오늘날 자기계발 주체는 **자가포식**한다.

　　　'흡수'라는 시대적 술어를 발견한 이는 마르크스만이 아니다. 엘리아스 카네티도 권력을 "붙잡기(Ergreifen)"와 "흡수(Einverleiben)"로 정의한다. 그는 초원의 사자부터 인류의 식문화에 이르기까지 권력이 행사하는 모든 구속력은 포식

자의 이빨이 먹이를 무는 악력에, 모든 파괴력은 그의 내장이 먹이를 흡수하는 소화력에 기원을 둔다며, 공장과 감옥도 이미 "권력의 내장"이라고 선언했다. 붙잡힌 먹이가 내장에서 분해되어 흡수되는 고통 없이 어떤 권력도 배부를 수 없다. 그것은 먹이를 잡아먹고, 찢어 먹고, 되먹고, 빨아 먹는다. **권력이란 집어삼킴이다.** "그의 궁극적인 목표는 그들을 자기 내부에 흡수하고 그들로부터 내용물을 빨아먹는 것이다."[117] 오늘날의 자본주의 권력이 초원의 포식자보다 더 나아간 점이 있다면, 피식자 스스로를 흡수하도록 만든다는 점이다. 그로써 **자기흡수**(self-absorption)는 자기몰입이라는 자기계발 시대의 미덕이 된다.

빚은 금세기 자가포식의 대표적인 형태다. 근면절약이 이윤으로 직결되던 것은 금본위제가 붕괴되어 달러가 남아돌던 70년대나 잠깐 가능했던 이야기다. 과잉생산과 저임금이 보편화된 과잉의 패러다임에서 잉여의 축적은 본질적으로 빚의 축적이다. 부채금액의 한계는 식탐의 한계를 의미한다. 그래서 오늘날의 금융자본은 부채의 한계를 넘어서 식탐의 한계를 철폐한다. 가산금리로 보호되는 대출이자와 신용카드 발급의 남발로 금리 장사의 규제를 철

117 — 엘리아스 카네티, 『군중과 권력』, 강두식·박병덕 옮김, 바다출판사, 2002, 「권력의 내장」 장, 279쪽.

폐하고, 카드빚을 카드빚으로 돌려막는 '리볼빙'을 일상화시킨다. 금융자본이 상환일을 계속 미루고 지연시키는 것은 무한식탐하고 싶어서지, 채무자를 배려해서가 아니다. 채무자에게 돌려막기란 자본에겐 돌려먹기다. **무한한 부채**(limitless debt)는 영영 상환되지 않지만, 바로 그 덕분에 잉여의 흡수도 영속화된다. 폭식증 자본주의가 채무자 스스로 제 살을 갉아먹으며 살도록 방치하는 것은, 자기가 아가리를 벌리는 것보다 그게 더 효율적이기 때문이다. 신용불량도 소화불량이다.

감정노동은 또 다른 대표적인 자가포식이다. 육체를 스스로 집어삼키는 것과 달리, 영혼을 스스로 집어삼키는 것이 다를 뿐이다. 고객에게 신뢰감을 주는 얼굴도 수표나 어음처럼 기능한다. 감정노동에서 역할은 부채노동에서 빚이 하는 역할과 같다. 부채노동자가 대출금과 신규카드로 빚을 끝없이 메꿔야 하는 것처럼, 감정노동자는 정해진 표정과 대사로 역할을 끝없이 메꿔야 한다. 자본은 부채의 한계를 철폐하는 것처럼, 역할의 한계, 즉 그 형상을 철폐한다. 어떤 상대, 어떤 상황에서도 동일한 표정과 감정을 표현해야 하는 **무형적 얼굴**(formless face)은 감정노동의 철칙이 된다. 사회학이 감정노동을 역할과의 일치로 정의했던 것도 벌써 지난 세기 일이다. 이번 세기의 감정노동은 역할과의 일치를 허용하지 않는다. 역할과 인격의 일치는 얼굴에 형상을 부여하기 때문이다. 콜센터 상담원, 간호사, 방문판매원, 플랫폼 배달원처럼 장시간 저임금의 비정규직으로 떠넘겨지는 오늘날의 감정노동은 다변하는 상황도 '사랑합니다, 고객님'과 같은 동일한 표정과 몸짓으로 소화해내야 한다. 상황의 다변성은 얼굴에서 형상을 박탈하고, 역할과 인격의 불일치를 절대화한다. '스마일 페이스 증후군'은 이미 그런 인격의 분열과 해체 상태를 의미한다. 뜻 그대로, 얼굴은 평형해진다(platform).

연극사회학자 어빙 고프먼은 일상에서의 자아연출은 "상황 한정(definition of the situation)"을 전제한다고 말한다.[118] 감정노동자에게 상대에 따라 다른 얼굴을 취할 수 있는 그런 상황 한정의 권리란 없다. 갑질 고객이 감정노동의 장애요소라는 건 정확한 문제의식이 아니다. 갑질 고객에게도 달리 반응할 수 없도록 하는 무형의 '사랑합니다, 고객님'이 이미 내면의 갑이다.

부채노동이 무한의 부채를 통해 경제

118 — 어빙 고프먼, 『자아연출의 사회학』, 진수미 옮김, 현암사, 2016, 14쪽. 번역은 '상황 정의'로 되어 있다. "자신을 연출하는 개인은 (…) 자기가 의도한 대로 다른 이들이 자연스럽게 반응할 수 있는 인상으로 자기를 표현함으로써 다른 이들의 상황 정의에 영향을 미칠 수 있다."

적 잉여가치의 흡수를 영속화하는 것처럼, 감정노동은 무형의 얼굴을 통해 심리적 잉여가치의 흡수를 영속화한다. 감정노동은 역할의 과몰입이 인격의 자기 흡수가 되는 심리적 자가포식이다. 스마일 페이스 증후군은 심해지면 속마음을 드러낼 수도 찾을 수도 없는 표현장애에 이른다. 속마음은 이미 집어삼켜져 거기에 없다. 감정노동은 영혼의 테일러주의(Taylorism)다.

"먹잇감이 몸속을 여행하는 길은 매우 길며, 그 길을 지나가는 과정에서 먹잇감의 모든 내용물은 흡수된다. 쓸 만한 모든 것이 빠져나가고 마침내 남는 것이라곤 찌꺼기와 악취뿐이다."[119] 폭식증 자본주의에서 그 길은 삶 전체가 된다. 매 순간 은행엔 빚을 갚고, 매 순간 고객님에겐 웃음을 갚아야 하기 때문이다.

왜 감정이 자본의 먹이가 되는가? 베르그송은 감정(affection)의 생물학적 기원을 빚으로 설명한다. 그에 따르면, 생명체는 외부로부터 오는 작용에서 일부는 반사(réfléchir)하고 일부는 흡수(absorber)하는데, 반사량은 그가 할 수 있는 행동을 측정하는 반면, 흡수량은 그 행동을 붙잡아두고 미룰 수 있는 신체 자체의 능력을 측정한다(고로 반

119 ─ 엘리아스 카네티, 『군중과 권력』, 「권력의 내장」 장, 278쪽.

사는 의식의 태동을, 흡수는 기억의 태동을 증거한다). 감정은 "흡수력(pouvoir absorbant)"의 표현이다. 즉 감정은 대상에 대한 행동의 가능성이 아닌 그 가능성의 기원, 즉 **나 자신의 가능성**을 표현한다. "나의 지각은 내 신체 밖에 있고, 나의 감정은 내 신체 속에 있다."[120]

그래서 인간에게 감정은 상대방에 대한 예의이자 소통의 기술이 되는 것이다. 감정은 상대에 대한 거리의 확보인 동시에 서로의 요구에 대해 각자가 할 수 있는 가능성 자체의 교환이다. 존중이란 즉각적 행동을 미루고 흡수한 가능성을 서로 되돌아보는 이런 힘에서 나온다. **감정이란 경계 긋기다**. 감정은 생명체가 빛의 흡수와 보존, 그 지속을 통해 세계와 자신 사이에 "공통경계(limite commune)"[121]를 그어, 스스로를 빛나는 잠재성으로 솟아오르도록 하는 엄중한 개체화의 선언이다. 그런데 자본주의는 바로 이런 찬란한 생명력이 아니꼽다. 흡수해서 경계 긋기 때문이다. 자본은 경계라면 치가 떨린다. 흡수라면 환장한다. 그래서 저 생명의 경계를 철폐하여 그 흡수력 자체를 흡수하려고 한다. 육체노동과 달리 감정노동은 "사회적 관계를 생산"하

---

120 — 앙리 베르그송, 『물질과 기억』,
박종원 옮김, 아카넷, 2005, 103쪽.
반사와 흡수에 대해서는, 70~71쪽,
99~102쪽 참고. 'affection'을 '정념'으로
번역하고 있다. 스피노자주의의 최근 경향에선
'정동'으로 번역하기도 한다.
121 — 같은 책, 102쪽.

며 "자기가치화하는 능력"이어서 자본의 표적이 된다는 자율주의의 견해는 옳다.[122]

　　　모든 것은 포드주의에서 도요타주의로의 체질개선이 주체에게 직접적으로 행해지는 것처럼 일어난다. 수정되기까지 한참을 기다리던 표준화된 대량생산 방식과 달리, 소비자가 경영진의 일부가 되어 생산라인이 시장수요에 실시간 피드백하던 도요타주의처럼, 오늘날 감독관 없이도 시시각각 업데이트되는 금리와 인터넷 리뷰는 매 순간의 수요가 되어 부채노동자의 1분 1초를 비틀어 쥐고, 감정노동자의 일거수일투족을 옭아맨다. 그렇게 대출기한 연장 방식이 변동금리에 연동될수록, 고객 접대 매뉴얼이 리뷰와 평점에 연동될수록 지침은 더 세세해지고, 그만큼 자본도 그들의 삶을 잘게 쪼개어 나간다. 내장 융털이 미세해질수록 흡수효율은 좋아지는 것과 같은 원리다.

　　　공유경제란 허울이다. 폭식증자가 나눠 먹을 리 없다. 특히 온라인 플랫폼은 노동자 개개인을 골목을 누비고 1분 1초마다 경쟁하는 미세융털로 삼는 "식신(食神)경제"[123]일 뿐이다. 여기서 개

---

122 ― 『비물질노동과 다중』, 갈무리, 2005, 190쪽, 173쪽. 각각 라자라토와 네그리의 글. "노동은 정동(affection) 속에서 자신의 가치를 발견한다."(163쪽)
123 ― 이광석, 『디지털의 배신』, 인물과사상사, 2020, 2장, 69쪽. 플랫폼 자본주의의 정치적·경제학적·과학적 측면을 두루 살피는 비판서다.

인은 아무리 일해도 궁핍하다. 재주는 융털이 부리고 살은 내장이 찐다. SNS에서 하이퍼링크가 디지털 다변증(hyperphasia)의 혀인 것처럼, 플랫폼에서 하이퍼링크는 디지털 과식증(hyperphagia)의 융털이다. '폭풍업뎃'하는 만큼 '폭풍흡입'한다.

정말이지, 오늘날의 노동자는 지난 세기라면 공장과 회사에서 수많은 사람들이 모여서 했을 잉여가치의 흡수를 홀로 자기 내면에 수행하며, '피드백(feedback)'의 뜻 그대로 매 순간 **자기 자신을 되먹고 또 되먹는다**. 되먹임 회로는 폭식증 시대의 상징이다. 그것은 먹는 족족 먹히는 자가포식 순환회로를 의미한다. 이는 시간의 순삭을 의미하기도 한다. 도요타 공장의 노동자들은 68초마다 자동차 한 대를 조립해야 했는데, 그것은 공장 내부조건을 고려한 경영진의 결정이 아니라 시장수요로부터 역산된 결정이었다. 그래도 그땐 퇴근이라도 했다. 오늘날의 퇴근 없는 되먹음엔 나를 위한 시간은 1초도 남아있지 않다. 모두 폭풍 흡입되었다.

이 시대의 자본은 세계를 하나의 거대한 내장, '외부 없는 되먹음 회로'로 만들려고 한다. 그것은 모든 것을 빨아들이는 저항=∅의 진공과 다

이광석의 일관된 논지는 플랫폼은 노동자를 저항 없는 알고리즘에 스스로 속박되는 SNS 유저처럼 만든다는 것이다. "경영자와의 협상이 부재하고 적응하지 못하면 '강퇴'당하는 '유저'와 비슷한 신세…"(102쪽)

를 바 없다. 자본이 남근권력에서 내장권력, 차라리 자궁권력으로 진화했다고도 말할 수 있다. 잉여의 착취가 더 이상 억압과 추방이 아니라, 남김 없는 흡수와 되먹음에 기반한다는 점에서 그렇다. 억압과 달리 흡수의 패러다임에서 삶과 노동의 경계가 철폐된다.

그러니까, 오늘날 자본주의는 **삶의 가능성 자체**를 집어삼킨다. 기실 자본은 많은 잉여물 중에서도 잉여를 낳는 가능성을 가장 좋아한다. 그래서 아직 열매가 없음에도 토지를 탐욕하는 것이다. 삶과 감정은 나를 나로 만드는 가능성이기에 자본의 최애 메뉴가 된다. 그래서 자본은 흡수빨판을 주체의 내면 깊숙이 심어 그를 빨아올리려 한다. 과잉자아가 그런 내면의 흡수막이다. 물론 이 모든 빚을 다 상환하고, '사랑합니다, 고객님'이 진심이 되는 순간은 오지 않을 것이다. 하지만 그 실현 불가능성을 이유로 과잉자아는 흡수를 영속화하고 내재화한다.

반복은 습관이, 습관은 본성이, 본성은 운명이 된다. 그렇게 과잉자아는 초자아를 먹어버린다. 어서 빚을 갚으라고, 어떤 고객님도 사랑하라고, 어떤 난관이 닥쳐도 너는 갚을 수 있고 웃을 수 있고, 너는 할 수 있고, 모든 채무가 변제되는 그날까지 계속해서 할 수 있다고, 그게 바로 네가 원하는 거라고 끊임없이 속삭이고 부추기고 독려한다. 그렇게 우리는 우리 자신을 스스로 집어삼킨다.

자본이 플랫폼 노동자, 채무자, 감정노동자에게서 저당 잡고자 하는 것은 단지 현실적인 가치가 아니다. 그는 상황이 오늘 같지 않았더라면 내가 살 수 있었을 다른 삶, 내가 할 수 있었을 다른 것, 나아가 그런 나의 할 수 있음 자체, 나의 잠재력 혹은 "창조적인 힘"[124]을 저당 잡고, 결국 **나의 미래를 저당 잡는다**. 폭식증 자본주의가 궁극적으로 먹어 치우는 것은 시간이다. 거기에는 삼키는 자와 삼켜지는 자를 판별할 겨를조차 남아있지 않다.

레비나스는 "세계는 음식"이라고 말한다. 주체는 타자를 흡수함으로써 "외재성에 내재하며" 어떤 동일자도 타자성에 기초함을 깨닫는다.[125] 반대로 자본주의는 세계를 아가리로 만든다. 주체도 아가리가 되어 자기 자신을 향한다. 여기엔 타자가 없다. 모든 것은 마지막 살 한 점까지도 흡수되어 한

---

124 — 카를 마르크스, 『정치경제학 비판 요강』 I권, 자본에 관한 장 1절, 313쪽. 무한부채에 의한 시간의 포획에 대해선 다음을 참고. 마우리치오 라자라토, 『부채통치』, 허경 옮김, 갈무리, 2018, 3, 4장. "부채는 미결정성을 저당잡고 시간으로부터 모든 창조성과 모든 혁신을 박탈하기 위해, 시간을 선매하고 폐쇄하는 자본주의의 장치이다."(108쪽)

125 — 에마누엘 레비나스, 『전체성과 무한』, 김도형·문성원·손영창 옮김, 그린비, 2018, 2부 B장, 186쪽.

덩어리로 뭉쳐지기로 예정된 동일자다. 주체 자신도.

죄책감이란 다른 것이 아니다. "스스로를 먹이로 생각하고" "자기 자신이 먹힌다"[126]는 느낌이 곧 죄책감이다. 이번 세기, 죄책감이란 **자기흡수감**이다. 자본의 내장을 내 발로 걸어간다는 느낌, 먹으면 먹을수록 나 자신을 먹게 되는 순환회로와 그 영원히 빠져나갈 수 없음에 대한 느낌에 다름 아니다. "잡아먹힐 거란 공포는 대상을 잡아먹으려던 충동의 투사로부터 비롯된다."[127] 그러니까, 폭식증 자본주의는 내 안의 "잡아먹는 초자아"[128] 자체다.

카네티는 권력의 최고형태로 "명령(Befehl)"을 말한다. 한 번 물린 이빨 자국은 내면에 영원히 남아 같은 자극이 오면 피식자가 스스로 굴복하도록 한다. 명령은 권력이 삼키지 않고도 삼키는 법이다. 명령이 아주 잘 작동할 때, 피식자는 도망갈 의

126 — 엘리아스 카네티, 『군중과 권력』, 「변신」장, 461쪽.
127 — Melanie Klein, "On the Theory of Anxiety and Guilt"(1948), EG, p.30.
128 — Melanie Klein, "Early Stages of the Oedipus Conflict"(1928), LGR, p.190. 클라인도 죄책감을 자가포식으로 정의한다. 즉 죄책감의 기원은 구강기 유아의 "주체 자신의 가학성"이 "그 자신을 겨눈다"는 느낌에 있다(같은 책, "The Importance of Symbol-Formation in the Development of the Ego", p.220).

지를 잃고 권력의 내장 속으로 순순히 걸어 들어가 그 권위에 일체 반문하지 않으며, 또 이것이 삶의 전부라고 생각하며 기꺼이 빨리고 또 빨린다.[129] 오늘날 죄책감은 바로 이런 공정이다. 명령은 피식자를 공장과 감옥이 아니라 그 자신의 내면에 감금하며, 모든 불량과 결함을 자신의 탓으로 돌리도록 가르친다. 또 최악의 경우, 개인 스스로를 사회의 배설물로 생각하도록 만든다. 꿈과 미래의 부재를 자신의 탓이라고 자책하며, 그렇게 자기의 영혼을 스스로 좀먹도록 유도한다. 조정환의 진단처럼, 이번 세기 죄책감은 명령된다.

자책, 이것이 오늘날의 자본주의가 피식자들에게 가장 바라는 바다. 이 시대의 권력은 더 이상 밖에서 억누르지 않는다. 그는 에일리언 유충처럼 우리 안에 들어앉아 내면부터 서서히 갉아먹는다. 그렇게 당신에게 할당된 역할과 부채 밖의 모든 가능성을, 자유를, 의지를 스스로 포기하기를 원하며, 무엇보다도 그 모든 결함과 불행이 당신 자신의 잘못이라고 자책하고 자학하기를 원한다.

폭식증 자본주의는 소망한다. 당신이 잉여흡수의 충실한 대행자이기를, 하지만 당신의 삶

---

129 — 엘리아스 카네티, 『군중과 권력』, 「명령」 장, 405~411쪽. 자본의 명령에 대해서는 다음을 참고. 조정환, 『인지자본주의』, 갈무리, 2011, 종장. "[노동이 비물질화됨에 따라] 교환가치보다 명령가치가 더 비중이 커진다."(494쪽)

을 위한 흡수력은 한 방울도 남겨놓지 않기를, 그리하여 육체와 영혼의 단물이 다 빠지는 날이 오면, 이미 비대해진 자책 속에서 어떤 저항도 없이 홀로 쓰러지기를.

그날까지도 삼키는 자와 삼켜지는 자를 판별하지 못하기를, 그로써 **"삼켜도 삼키는 자의 것이 되는 것은 아니다"**[130] 라는 최후의 윤리도 능히 모욕되고 능멸되기를. 폭식증 자본주의는 간절히 소망한다.

130 — 박동환, 『x의 존재론』, 사월의책, 2017, 4장.

7

경계선 주권장애

'과잉주체'들이 모여
만든 민주주의

토크빌은 민주주의의 근간에 과흥분증과 조절장애가 있다고 진단했다. 그에 따르면, 확고한 신분적 경계에 의해 하인이 주인과의 안정된 "동일시"를 유지하는 귀족정과 달리, 민주정의 평등주의에선 그런 경계가 철폐되어 개인이 하인과 주인을 "오락가락(fluctuate)"하는 진동상태에 놓이게 된다는 것이다. 그렇게 과흥분된 불안정 상태가 지속될수록 개인은 독립성을 추구하기는커녕 "무한한 완전함"이라는 허상만을 키워나가며, 이런 의존성향은 문학과 철학마저 바꿔놓는다. 특히 주권자는 권한과 의무, 자유와 평등의 경계를 잃고 오락가락하다가, 경계선을 대신 그어줄 **전능한 "같은 주인에게 의존"**하려는 충동만을 키운다.[131] 결국 진동상태는 의존상태를 낳는 것이다. 토크빌은 민주주의를 지지했으나, 이는 다음과 같은 경고 아래서였다. 민주주의의 본성은 진보를 향한 직선운동이 아닌 "빙빙 도는 와선운동(circumvolution)"[132]에 있다. 거기서 주권자는

---

131 ─ 알렉시스 드 토크빌, 『미국의 민주주의』 2권, 임효선·박지동 옮김, 한길사, 1997, 3부 5장, 747~753쪽; 1부 8장, 594~596쪽; 4부 3장, 864~866쪽. 강조는 인용자. 그래서 토크빌은 민주주의의 '다수의 폭정'이 과거의 군주와 다르다고 말한다. 예컨대 여론이 그렇다. "군주의 권한은 사람들의 행동은 통제하지만 그들의 의지는 억제할 수 없다. 그러나 다수가 가진 권력은 의지와 행동에도 작용하고 모든 도전뿐 아니라 모든 토론까지도 억압한다."(1권 15장, 341쪽)

자유와 독립보다는 **전능성에의 의존**을 더 먼저 찾게 된다. 200년 전의 진단임에도 오늘날 민주주의에 이보다 더 적합한 진단은 없다.

경계선 성격장애(borderline personality disorder)는 양극성에 기반하지만 양극성 장애(조울증)는 아니다. 그것은 양극성이 성격으로 고착된 질환으로서, 타인을 이상화하며 끈질기게 매달리는 병적인 의존성향, 그러나 의존이 조금이라도 좌절되려고 하면 공격적으로 돌변하는 충동성, 허언과 날조를 통해서라도 상대의 삶을 조작하고 통제하려는 망상적인 원한감정 등으로 특징지어진다. 경계선 장애 환자에게는 좋은 것과 나쁜 것, 단 두 가지 극단만이 있는 것이다. 대상관계이론이 이를 가장 잘 해명한다. 즉 아기가 젖떼기와 걸음마 시기에 자아통합에 실패하면, 그 내면에는 대상이 "좋은 젖가슴"과 "나쁜 젖가슴"으로 분열된 채 남으며, 이 양극성은 외부로 투사되어 세계마저 "이상화된 어머니"와 "박해하는 어머니"[133]라는 절대선과 절대악으로 갈라놓는다.

---

132 — 알렉시스 드 토크빌, 『미국의 민주주의』 2권, 3부 21장, 827쪽.
133 — Melanie Klein, "On Mental Health"(1960), *EG*, p.274. "이상화는 박해불안의 귀결이다. 박해불안이 거세질수록 이상화하려는 욕동도 강해진다. 그로써 이상화된 어머니는 박해하는 어머니에 대항하는 구원자가 된다."(같은 곳)

경계선 장애 환자에게 세상은 위협으로 가득 찬 곳으로 나타나며, 그럴수록 그는 **전능한 구원자**에 자신을 의탁한다. 상대에게 병적으로 집착하다가도 조금이라도 삐끗하면 돌연 광분하며 "매달리는 행동과 거부하는 행동이 빠르게 교차"[134]하는 것은 그가 의존을 포기해서가 아니라, 의존의 실패를 더 큰 의존으로 막으려 하기 때문이다. 그는 "이상화된 외부 대상에 복종하고 있는 것처럼 보일 때조차 기저에 전능 환상을 가지고 있다."[135] 경계선 장애 환자는 경계선을 잘 긋는 사람이 아니다. 반대로 좋음과 나쁨을 판별할 수 없어 오락가락하다가 결국 전능환상에 의존하려는 자다. 그의 모든 공격성과 돌발성은 이로부터 나온다.

한마디로 경계선 장애 환자는 조울증자와 정신분열증자가 머릿속에서 하는 것을 타인과의 관계 속에서 한다. 경계선 장애는 잘못 붙은 명칭이다. 경계선 장애는 경계선이 초래하는 장애가

---

134 — 마거릿 말러·프레드 파인·애니 버그만, 『유아의 심리적 탄생』, 이재훈 옮김, 한국심리치료연구소, 1997, 6장, 167쪽. 경계선 성격장애의 발생과정을 이해하는 데 필독서다.
135 — 오토 컨버그, 『경계선 장애와 병리적 나르시시즘』, 윤순임 외 옮김, 학지사, 2008, 1장, 48쪽. 경계선 장애에서 대상의 경계가 흐려지는 만큼 "자아의 경계는 흐려진다."(42쪽) 나르시시즘적 성격장애와 경계선 성격장애의 구분에 대해서는 9장, 280쪽 참고.

아니라, 경계선의 부재가 초래하는 질환이다. 경계선 장애는 BDHD, 즉 '경계선 결핍 과잉의존 장애 (Borderline Deficit Hyperdependency Disorder)'라고도 말할 수 있다. 경계선이 없어서 양극단을 영영 순환한다. 토크빌의 말처럼, 영영 "오락가락"하며 "빙빙 돈다".

　　　오늘날 민주주의는 한 명의 거대한 경계선 장애 환자가 되어 간다. 더 많은 자유와 평등이 주어질수록 민주주의 광장은 견해의 다양성은커녕 절대선 대 절대악의 대결로 과분극화되어 가고, 그로써 개인뿐만 아니라 사회도 극단적 입장 사이를 오락가락 빙빙 돈다. 그러다가 결국 의회제, 권력분립, 선거 같은 민주적 의사결정 절차보다는 리더십, 독재자, 여론 같은 전지전능한 구원자의 환상에 의존하기를 선호하게 된다. 변질된 것은 민주주의의 성격만이 아니라 주권의 성격 자체다. 그로부터 '경계선 주권 장애'라고 부를 수 있는 독특한 증상들과 관리방식들이 출현한다.

　　　가령 오늘날의 국가권력은 과거처럼 단지 국민을 억압하지 않으며, 국민과 비국민으로 분극화하는 관리방식을 선호한다. 여기서 전능성은 '합의(consensus)'라는 이름으로 나타난다. 2005

년 경기도 화성 간척사업, 2006년 새만금 판결, 2008년 한미 FTA, 2009년 용산 참사, 2011년 제주 해군기지, 2017년 THAD 사태뿐만이 아니다. 지금도 일어나고 있는 비정규직과 이주노동자의 단속에 있어서, 국가폭력은 '국가적 합의'라는 더 높은 전능주권에 근거해 주권자를 **더한 주권자와 덜한 주권자로 양극화**하는 방식으로 작동한다. 합의가 경계와 추방의 패러다임에 속한다고 볼 수 없다. 오늘날 합의는 상황적이고 임시적으로만 경계선을 그리며, 바로 이 점이 모든 국민을 언제든지 박해받을 수 있는 잠재적 비국민으로 만든다. "이 변증법의 한쪽에는 국민들의 비국민들에 대한 혐오와 반감, 거리두기, 비국민으로 전락할지 모른다는 두려움이 있다. 그리고 다른 한쪽에는 비국민들의 자기부정과 혐오, 국민에 대한 선망과 동일시가 있다."[136] 합의의 진정한 폭력성은 비주권의 배제 이전에, 이런 **주권 자체의 양극화**에 있는 것이다. 여기서 주권자는 정확히 경계선 장애 환자처럼 "살기 위해서라도 국가와 자본에 필사적으로 매달린다. 내치는데도 매달리며, 내치기 때문에도 매달린다."[137]

고로 경계선 주권장애가 시민사회를 장악했을 때 나타나는 대중심리적 효과는 주권조차 경

136 — 고병권, 『추방과 탈주』, 그린비, 2009, 2부 2장, 55쪽. '주변화'의 네 가지 의미(주변·한계·이익·공백)에 대해서는 24~28쪽 참고.
137 — 같은 책, 2부 2장, 57쪽.

쟁으로 만든다는 것이다. 오늘날 유행하는 '선택적 정의' 현상을 단지 NIMBY 현상이나 집단 이기주의로 볼 수 없다. 외려 그것은 이기주의를 절대악으로 몰아세우는 또 다른 경계선 주권장애 증상이다. 매향리와 새만금에서 국가가 하던 일을 선택적 정의에서는 법과 정의가 한다. 게다가 법과 정의는 국가적 합의보다 더 근원적 합의라서 증상은 자각조차 힘들어진다. 2019년 '조국 사태'를 예로 들 수 있을 것이다. 당시 법무부 장관의 임명을 놓고 정치권은 대립했는데, 그 딸의 부정입학 의혹이 불거지자 사안과는 거리가 먼 데도 그 딸이 거쳐 갔다던 고려대, 부산대, 서울대 학생들이 덩달아 들고 일어났다. 정치색이 없음을 증명하려고 학생증 검사까지 하면서 집회인원을 걸러냈으나, 정작 구호는 정치화된 검찰과 동일했다. "법 앞에 누구나 평등한 사회, 공정하고 정의로운 사회."

국가적 합의가 더한 주권자와 덜한 주권자를 양극화하듯이, 선택적 정의는 법 앞에서 더 평등한 자와 덜 평등한 자를 양극화한다. 박권일의 분석처럼, 그것은 "사회 전체의 비대칭"이 아닌, "부자와 나의 비대칭만 문제 삼는" 선택적 평등주의다.[138] 일반적으로 선택적 정의란 다른 정의가 소거된 이상화

---

138 ─ 박권일, 「부자에게 유리한 한국형 평등주의」, 『시사IN』, 56호(2008년 10월). "일반적 평등주의는 '사회 전체의 비대칭'을 문제 삼는 데 비해, 한국형 평등주의는 '부자와 나의 비대칭'만 문제 삼는다."

142

되고 전능화된 정의로서, 자신의 상처받은 권리를 의탁할 숭고한 전능성이 아직도 건재함을 인증하고, 그 혜택은 자신의 것임을 증명하려는 의존경쟁의 일환이다. 한 고려대 졸업생은 울분을 토하며 인터넷 게시판에 다음과 같이 적었다. "피눈물이 끓는다. 그럼에도 나는 응분의 결과를 얻기 위해 공정한 노력을 게을리하지 않을 것을 오늘도 다짐한다."

선택적 정의는 현실적 이익과 아무런 관련이 없다. 그 이익은 타자의 정의가 자신을 박해한다는 편집증적 불안을 덜어내는 데 있다. 그래서 고려대에 못 들어간 학생들이 아니라, 고려대에 들어간 학생들이 더 과잉반응하는 것이다. 그래서 제도의 흠결보다는 제도의 완벽함을 가정하며, 스스로 비정치적이라면서도 정치화된 검찰과도 얼떨결에 대동단결하는 것이다. 그들은 법 앞이 아니라 전능성 앞에서 평등해졌다. 전능성의 가상적 수혜자들만이 정의와 공정성을 외친다. 불안을 축출하고 주권의 안전을 인증받기 위해서다. "이상화(idealization)는 안심시켜주는 효과가 있다."[139]

지난 세기의 권력이 공포를 이용했다면, 이번 세기의 권력은 불안을 이용한다는 견해는 옳다. 단, 그것은 정확히 클라인적 의미에서의 '박해불

139 — Melanie Klein, "On Mental Health"(1960), *EG*, p.273.

안(persecutory anxiety)'이다. 과잉시대의 권력은 주권자가 스스로 전능함을 갈망하게 만드는 위기론으로 반드시 무장한다. 이때 주권자는 세상 모든 타인을 박해자로 간주하며, 심한 경우 스스로를 순교자로 망상하기도 한다. 현대 민주주의가 정교분리를 지향한다는 원칙은 과잉의 시대에서는 더 이상 통하지 않는다. 주권이 경계선을 잃고 양극화될수록 민주주의는 위기론과 음모론 같은 박해망상을 요란법석 진동하다 결국 **전능함의 메시아주의**로 향하는 경향이 있다. 많은 탈근대주의 정치이론이 비주권의 배제와 주권의 양극화를 혼동함으로써 바로 이를 놓친다. 경계선 주권장애는 "현실적 요구와 목표가 아니라, 위대함, 완전함이라는 환상적 이상을 만들어낼 수 있다."[140]

　　　　　그런 점에서 혐오정치는 경계선 주권장애가 정치화된 사례라고 볼 수 있다. 한국 극우파는 그 완벽한 임상증거다. 극우기독교 단체의 대표 전광훈은 진보진영이 적이라고 말하는 데 만족하지 않는다. 그는 "종북좌파는 사탄"이라고 말한다. 그는 하나님 만세에 만족하지 않는다. 그는 "하나님, 나한테 까불면 죽어"라며 신과 야자를 튼다. 위안부는 매춘부에 불과했고 정대협은 북한과 내통한다고 망상하

140 — 오토 컨버그, 『경계선 장애와 병리적 나르시시즘』, 1장, 51쪽.

던 엄마부대 대표 주옥순은 2019년 정부규탄 집회에서 결국 "아베 수상님, 국민의 한 사람으로서 진심으로 사죄드립니다. 아베 파이팅!"을 외쳤다. 그녀의 경계선 결핍증이 국경도 지운 것이다. 전광훈은 "코로나도 우리를 피해간다"며 무적면역을 자랑했으나, 2020년 8월 코로나 확진 판정을 받았다.

　　　　한국 극우파를 이데올로기의 연장으로 볼 수는 없다. 반공주의 이데올로기가 먹혔던 건 경계의 패러다임이 통하던 지난 세기다. 오늘날 반공주의는 그저 수사학으로 남아, 있지도 않은 간첩과 종북좌파를 만들어내는 편집증적 박해망상의 불쏘시개로 기능할 뿐이다. 차라리 장기화된 남북휴전 상태가 다 큰 어른들의 마음속에 또 하나의 경계선 장애아동을 키웠다고 말하는 것이 옳을 것이다. 남북분단이 그들의 정신까지 분단시켰다. 과연 "경계선 환자는 경험으로부터 배운다."[141]

　　　　오늘날 혐오를 정치화한다는 것은 경계선 성격장애를 정치화한다는 것을 의미한다. 이는 경계선을 잃고서 사분오열된 자아와 그 박해망상을 정치사회에 공격적으로 투사하는 일이기도 하다. 사실 혐오의 정치는 신념이나 신앙과는 아무런 관련이 없다. 그들에겐 신조차도 애착인형[142]에 불과하다. 혐

141 — James F. Masterson, Psychotherapy of the Borderline Adult : A Developmental Approach, Brunner/Mazel, 1976, chap.5, p.89.
142 — Donald W. Winnicott,

오의 정치는 양극화의 정치로서, 그 목표는 오직 전능제국의 건설에 있다. 그들은 쩨쩨하게 주권자를 국민과 비국민, 평민과 비평민으로 양극화하지 않는다. 그들은 주권자를 신민과 비신민으로 양극화한다. 한국 극우의 출현은 독재정권의 몰락보다는 신자유주의의 부흥에 대한 반응이다. 선택적 정의가 정의를 민영화하듯, 혐오의 정치는 신을 민영화한다.

소거충동과의 관계는 절대적이다. 전능함을 방해하는 경계선이라면 남북, 한일, 한미의 국경부터 신과 인간의 분계선까지 묻지도 따지지도 않고 몽땅 지워버리고, 전능함을 가로막는 대상이라면 종북좌파, 간첩, 스님, 무슬림부터 코로나 바이러스까지 묻지도 따지지도 않고 몽땅 박멸하려면 예루살렘으로부터 직송된 신성한 소거충동은 필수템이다. **전능감은 혐오의 근거가 되고, 소거충동의 연료가 된다**. 2020년 9월, 전광훈은 한 방송사와 인터뷰를 했는데, 성서는 이웃을 사랑하라고 하지 않느냐는 PD의 질문에 다음처럼 답한다. "성서에는 미워하라는 말이 더 많이 나온다."

혐오의 정치를 이념갈등으로만 환원하는 입장은 왜 유독 자유주의를 외치는 쪽에서 편집증

"Transitional Objects and Transitional Phenomena"(1951), Through Paediatrics to Psychoanalysis, Routledge, 2018. "이행대상은 환상의 영역에 속하며, 아동이 창조한 것이 실제로 존재한다는 환상을 허용한다."(p.312)

적 기행들이 나오는지를, 입만 열면 자유를 외치면서
도 왜 다른 한편으로 독재를 그리워하는지를, 그러면
서도 왜 그 전략들은 점점 묻지마 범죄의 행태를 닮
아가는지를 설명하지 못한다. 실상 혐오의 정치가 자
유민주주의를 들먹이는 것은 민주주의를 사랑해서
가 아니라 자유주의를 사랑해서고, 자유주의를 사랑
해서가 아니라 자유를 사랑해서고, 자유 자체를 사랑
해서가 아니라 자유에 포함된 전능성의 환상을 사랑
해서다. 혐오정치에게 자유주의는 전능주의를 의미
할 뿐이다. 그들은 자유주의자가 아니다. 자유주의에
선 "자유를 포기할 자유는 없다."[143]

  일반적으로 모든 혐오는 의존성향의 발
현이다. 꼭 극우파가 아니더라도 모든 혐오의 인간
은 자신이 한때 의존했었던 대상만을 혐오한다. 그
는 자신이 타인에게 의존할 수밖에 없었고, 또 앞으
로도 그럴 수밖에 없다는 사실이 너무 수치스럽고 모
욕적이어서 그를 박해자나 악마로 망상한 뒤, 전능자
를 향한 더 큰 의존성으로 그를 퇴마하려고 하는 것
이다.[144] 남녀혐오, 지역혐오, 외국인 혐오 등 그토
록 다양한 혐오현상에서도 단일젠더, 단일민족, 단일
인종 같은 순수한 전능성의 관념만은 어김없이 발견
되는 이유다. 많은 오해와 달리, 혐오를 현실 속에서

---

143 — 존 스튜어트 밀, 『자유론』, 박홍규
옮김, 문예출판사, 2009, 5장, 219쪽.
144 — 이것은 니체가 분석했던
'원한(ressentiment)'의 구조이기도
하다. 프리드리히 니체, 『도덕의 계보』,
김태현 옮김, 청하, 1982, 1장 10절, 2장

의 인정투쟁이라 볼 수 없다. 혐오는 망상 속에서의 의존투쟁이다. 망상 속 박해자들을 퇴마하기 위해 전능함이라는 더 큰 망상에 매달리고 또 매달리는. 선택적 정의도 혐오다. 극우 자유주의가 혐오의 대상을 대놓고 적시하는 데 비해, 선택적 평등주의는 그를 넌지시 돌려 말할 뿐.

모든 측면에서 과잉의 패러다임은 지난 세기와는 전혀 다른 방식으로 주권을 지배한다. 그것은 더 이상 주권을 억압하고 제한하지 않는다. 그것은 주권을 분열하고 양극화하여, 사회와 타인에 대해 **"너무 가까워지면 먹힐 것만 같고, 너무 멀어지면 버려질 것만 같은"**[145] 경계선 결핍 상태 속에서 주권자가 빙빙 돌다 지쳐 스스로 전능한 메시아를 갈구하도록 만든다. 시장에서는 합의(국민-비국민), 시민사회에서는 정의(평민-비평민), 정치사회에서는 하느님(신민-비신민)으로 이름을 바꿔서 나타나겠지만, 모두 다 같은 전능성이고 다 같은 메시아다. 분열되어 상처받은 주권이 과잉의존할 수 있는 과잉주권자. 물론 그도 과거의 독재자들처럼 민주주의에 반대하지 않는다. 그에게 전능함이라는 "대상은 자아의 대표자가 되어"[146] 모든 광분과 증오는 아주 민주

11절, 19절.
145 — James F. Masterson,
*Psychotherapy of the Borderline
Adult : A Developmental
Approach*, chap.5, p.75.
146 — Melanie Klein, "Some
Theoretical Conclusions Regarding

148

적인 절차처럼 보인다.

　　20세기에나 알려진 '경계선 성격장애'라는 용어를 토크빌은 알지 못했다. 그러나 자유와 평등 사이에서 분열되는 주권자가 의탁하는 "전능성과 유일한 권위"가 "보호자"와 같다고 했을 때, 그는 이미 민주주의를 "자부심과 노예성을 동시에 나타내 보이는" 한 명의 경계선 장애 아동으로 진단한 셈이다.[147]

　　더 많은 자유도 더 많은 법도 현대 민주주의가 앓고 있는 경계선 성격장애의 치료제가 될 수 없다. 병든 것은 자유와 법을 누리는 성격 자체, 즉 주권이기 때문이다. 경계선 주권장애는 **주권조절장애**다. 자신이 어디까지 할 수 있고 해야 하는지, 또 어디서 개입하고 언제 기다려야 하는지 그 한계를 그을 수 없어 분열된 주권은, 지금보다 더 많은 자유와 평등이 주어졌어도 다시금 내면의 박해망상을 투사하며 전능환상을 찾아 헤맸을 것이다.

　　과거의 권력이 주권의 통일성을 먹고 살았다면, 오늘날의 권력은 이런 **주권의 양극성**을 먹

---

the Emotional Life of the Infant"(1952), *EG*, p.68.
147 — 알렉시스 드 토크빌, 『미국의 민주주의』 2권, 4부 2장, 862쪽; 4부 6장, 888쪽; 4부 3장, 865쪽. "[민주주의에서 사람들은] 끊임없이 두 가지 상반되는 열정에 사로잡혀 있다. 즉 이들은 한편으로 지배되기를 바라며, 다른 한편으로는 자유로운 상태에 머무르기를 원한다."(890쪽)

고 살며 살을 찌워 나간다. 토크빌의 경고대로, 민주주의의 위기는 외부에서 오지 않는다. 이번 세기, 민주주의의 위기는 경제적 양극화만큼이나 고착되어 가는 주권적 양극화에서 온다.

물론 경계선 주권장애는 어제 오늘 일은 아니다. 그건 끊임없이 근대를 괴롭혀 왔다. 특히 19세기 주권론에서 민주정과 군주정은 쉽사리 선택되지 못하고, 국민주권을 말하다가도 스리슬쩍 왕정복고를 다시 꺼내드는 식으로 경계선 주권장애는 고질병이었고. 크게 두 가지 극약처방이 있었다. 오스트리아 법학자 켈젠은 '법실증주의'를 주창하며 실정법을 정치적 영역으로부터 독립된 성역으로 만들려고 했다. 그럴 수만 있다면 주권의 귀속과 집행은 법에 의거하는 것으로 충분하며, 어떤 정치적 판단에 의해서도 갈팡질팡할 필요가 없다는 생각에서였다. 이것이 켈젠의 '순수법학'이다. 순수법학은 어떤 정치적 가치판단도 배제된 법질서의 자족적 체계로서, 여기엔 참도 거짓도 없으므로 모순도 흠결도 없다.[148] 켈젠은 법의 순수성을 통해 순수한 주권의 "경계선을 찾고자 한다."[149]

슈미트의 처방은 정반대였다. 슈미트는 법이 정치로부터 독립될 수도 없고, 또 그래서도

---

148 ─ 한스 켈젠,『규범의 일반이론』
1권, 김성룡 옮김, 아카넷, 2016,
57장. "규범은 참일 수도 거짓일 수도
없다."(401쪽)
149 ─ 한스 켈젠,『순수법학』, 윤재왕
옮김, 박영사, 2018, 2장 8절, 29쪽.

안 된다고 보았다. 왜냐하면 주권이란 법을 "중지 (aufzuheben)"시키고 "결단(entschei-den)" 할 수 있는 능력, 즉 **법에 경계를 긋는 능력**이기 때문 이다. 슈미트는 켈젠의 법실증주의에 결단주의를 대 립시켰다. 그리고 주권은 법 안에 방부보존된 것이 아니라, 법 밖에서 그를 경계 짓는(결단하는) 자의 것이라 주장했다. 그런 점에서 켈젠의 처방은 주권의 경계선 장애를 치료하기는커녕 치료의 필요성을 소 거함으로써 병을 더 키웠다고 말할 수도 있을 것이 다. "켈젠은 주권의 문제를 무시함으로써 문제를 해 결한다."[150]

　　　　법실증주의는 현학자들이나 논하는 저 세상 개념이 아니다. 그것은 우리네 일상에서도 버젓 이 사용되는 뿌리 깊은 특정 태도다. 가령 우린 다투 다가 더는 싸우기 귀찮아서 "법대로 하라!"며 자리 를 뜨곤 하는데, 그게 바로 법실증주의적 태도다. 법 실증주의는 법만능주의다. 투쟁과 결단이 어렵고 귀

---

150 ─ 카를 슈미트, 『정치신학』, 김항 옮김, 그린비, 2010, 2장, 36쪽. 잘 알려진 대로, 켈젠은 전통적인 권리주체를 탈인격화려고 했다. "국가와 법은 동일하다."(한스 켈젠, 『일반국가학』, 민준기 옮김, 민음사, 1990, 1장 5절, 33쪽) 그러나 슈미트가 볼 때, 이런 조치는 주권자의 존재를 법학적 허구로 은폐한 것에 불과하며, 그 결과 "결정이 내려져야 함을 말할 뿐 누가 결정을 내려야 하는지에 대해서는 침묵한다."(카를 슈미트, 『정치신학』, 2장, 50쪽)

찮아질 때면 법규범이라는 "보다 높은 제3자에로 회피"하려는 모든 태도이고, 그를 승부를 대신 가려줄 전지전능한 심판관으로 모시려는 모든 의존성향이다. 슈미트의 말대로, 법실증주의는 현대주권이 앓는 병폐와 결코 무관하지 않다. 전자에서 심판관이던 법의 전능성이 후자에선 "신의 전능성(Omnipotenz Gottes)"으로 승격될 뿐.[151]

　　　　일반적으로 경계선 주권장애는 절대화된 법실증주의다. 그것이 법이든 정의든, 자유든 평등이든, 대한민국이든 박정희든, 하나님이든 아베든 상관없다. 모두 모순도 흠결도 없는 순수한 전능자의 품속으로 도피하려는 열망이며 충동이다. 거기서 주권은 신격화된 질서 안에서 영구히 방부보존되겠으나, 그만큼 결단은 회피된다. 전능성이 경계를 미리 다 그어놓았고, 앞으로도 다 그어줄 것이기 때문이다. "하나님 만세"를 외치는 극우파들은 결단하려고 광화문에 모인 것이 아니다. "법 앞의 평등"을 외치는 대학생들도 결단하려고 캠퍼스에 모인 것이 아니다. 반대로 그들은 "**결단을 회피**"[152]하러 거기에 모였다. 누가 더 전능성에 의존할 수 있는지, 누가 덜 결단할 수 있는지 의존경쟁하려고 거기에 모였다. 누가 더 **결단의 대행**을 열렬히 갈구하는가를 겨루어 내

151 ─ 카를 슈미트, 『정치적인 것의 개념』(1932년 판), 김효전 옮김, 법문사, 1995, 4장, 50쪽.
152 ─ 카를 슈미트, 『정치신학』, 4장, 89쪽.

가 더 전능성의 수혜자임을 인증하러 모였다. "자신의 무능을 상대방의 무능으로 바꿔치기"[153]하러 모였다.

물론 슈미트는 결단하는 주권의 최고 형태로서 독재까지 옹호했다. 하지만 그건 주권이 경계를 긋는 능력이고, 그로써 타자를 판별하는 능력이기 때문이었다. 실상 결단의 회피는 독재보다 나쁜 효과, 타자감각의 상실을 불러온다. 정작 자신의 주권은 방기하며 전능성에 의탁하려는 자는 타자적인 관계, 즉 정치적 상황에 대한 감각도 함께 소실하며, 결국 **타자에 대한 감각** 자체를 잃어간다. 그로써 세상 모든 타인은 경쟁자로 보이고, 결단의 포기는 승리와 영광처럼 보인다. 신자유주의 정부는 "이것이 우리 모두가 사는 길이다"라고 말한다. 주옥순은 "내 딸이 위안부에 끌려가도 일본을 용서하겠다"라고 말한다. 법 앞에 평등하러 집회에 나온 서울대 학생은 "여러분들이 이 자리까지 오기 위해서 얼마나 힘들었는지 생각해보라"라고 말한다. 그러나 타자감각 없는 주권은 텅 빈 형식에 불과하다. 그건 차라리 머릿속 행복회로 같은 것. 거기엔 "타인에 대한 현실적 공감 능력이 거의 없다."[154]

오늘날의 시위가 연예인 팬덤처럼 변해

153 — 고병권, 「말하는 침팬지」, 『묵묵』, 돌베개, 2018, 112쪽.
154 — 오토 컨버그, 『경계선 장애와 병리적 나르시시즘』, 1장, 52쪽. 경계선 성격구조 부분.

가는 것은 우연이 아니다. 셀카처럼 변해가는 것도 우연이 아니다. 타자감각 없는 시위는 인증샷에 불과하다. 타자감각 없는 법 앞의 평등은 법의 보편성이 아니라 "법의 폐쇄성"[155]을 의미할 뿐이다. 전능성의 가상으로 도피한 자폐적 나르시시즘 안에서 결단이란 없다.

경계선 주권장애는 디지털 시대의 주권 양식이다. '좋아요(1)'와 '싫어요(∅)'의 양극단 말고는 결단할 게 없어진 SNS 시대에 창궐하는 비트화된 주권이다. 그런 주권자에게 동지는 팔로워처럼, 타인은 언팔해야 할 친구처럼, 시위는 셀카처럼, 정치는 해시태그처럼, 희생은 '싫어요'처럼, 권리는 '좋아요'처럼 느껴진다. 그러나 코르지브스키의 말처럼, 지나친 디지털화는 "조절장애의 원천이 되어" 인간을 편집증과 광기로 몰아넣는다.[156]

합의의 폭력, 혐오의 정치, 선택적 정의 등 오늘날 모든 형태의 주권장애는 **결단장애**다. 결단력을 잃은 군인이 적과 동지를 판별할 수 없듯이, 결단력을 잃은 의사가 수술 부위를 판별할 수 없듯이, 결단력을 잃은 아이가 좋은 어머니와 나쁜 어머니를 판별할 수 없듯이, 결단력을 잃은 주권자는 더 이상 **주권의 보호와 주권의 위탁을 판별할 수 없다**. 최악의

155 ─ 한스 켈젠, 『규범의 일반이론』 1권, 31장, 260쪽.
156 ─ Alfred Korzybski, Science and Sanity (1933), Institute of General Semantics, 1958(4th edition), chap.IV, p.187.

경우, 아예 현실과 망상의 판별이 없다. 선거나 다수결 같은 민주주의 절차를 들이대봤자 소용없다. 모든 결단을 회피하고 혐오하는 그들에게 현실 인식과 자주적 결단을 촉구하는 민주주의의 장치들은 모두 자신들을 해코지하려는 거대한 음모나 사기극으로 보일 뿐이다.

과잉의 패러다임이 현대 민주주의에 끼치는 궁극적인 폐해는 이것이다. 그것은 **민주주의 자체를 양극화**한다. 즉 경계선이 결핍된 주권자에게 민주주의는 '나의 민주주의(1)'와 '너의 민주주의($\varnothing$)'로 양극화되어 나타나며, 그로써 경계선을 소거해 모든 것을 유사하게 만들려는 독재가 한없이 선한 민주정으로 보이는 반면, 경계선을 그어 다양성을 통합하려는 민주주의는 박해자들, 경쟁자나 사기꾼들, 악마와 벌레들이 득실대는 곳으로만 보인다.

그러나 양극화된 민주주의는 민주주의가 아니다. 민주주의의 본질은 다양성이지 양극성이 아니다. 경계의 질서(order)이지 경계의 장애(disorder)가 아니다. 그런데도 과잉의 패러다임은 다양성을 박해망상과 전능환상의 양극으로 찢어서 빙빙 돌린다. 민주주의를 원심분리한다.

엄밀히 말해, 과잉의 패러다임은 민주

주의를 원하지 않는다. 그 해체를 통해 찌꺼기처럼 남는 **박해망상 민주주의**를 원할 뿐이며, 그 분열과 패닉을 통해 지배하기를 원할 뿐이다. 타자를 혐오하는 주권자가 자신의 주권마저 혐오하기를, 그래서 더더욱 환상으로 도피하기를 원할 뿐이다. 그런 점에서 오늘날 진태원의 다음 질문보다 긴급한 건 없다. "만약 주권자가 주권자로 존재하기를 원하지 않거나 그것을 두려워한다면 어떻게 할 것인가?"[157]

경계선 주권장애는 다른 것이 아니다. 모든 결단을 환상 속의 전능주권에게 백지신탁하고, 그러면서도 그것이 주권의 정당한 실천이라 망상할 때, 그것이 경계선 주권장애다. 마트에서 2+1 상품을 선택하고, SNS에서 '좋아요'를 그러모으고, 인터넷 게임에서 캐릭터를 폭풍업뎃하는 것처럼 과잉 외엔 다른 것은 알 수도 할 수도 없어서 주권에 있어서도 과잉을 욕동하면서도 정작 자신의 주권은 어디서 한계 지워져야 할지, 어디서 개입하고 어디서 철수해야 할지, 언제 움직이고 언제 기다려야 할지를 분별하지 못해서, 아무리 많은 자유가 주어져도 '자유민주주의'에 매달리고, 아무리 많은 평등이 주어져도 '법 앞의 평등'에 매달리며 그 실현되지 못한 간극을 대상도 목적도 없는 증오로 메꿔 넣으며, 그럴

---

157 ─ 진태원, 『을의 민주주의』, 그린비, 2017, 11장, 455쪽.

수록 자초되는 무력감과 공허감에 더더욱 격분하며 더, 더, 더 큰 전능주권을 허용할 때, 결단의 대행이라는 **주권적 굴종**을 더, 더, 더 갈망할 때, 그것이 경계선 주권장애다.

경계선 성격장애는 편집증에 기반하는 나르시시즘 질환이다. 경계선 주권장애도 나르시시즘 질환이다. 나르시시즘에 갇힌 자유가 자유주의가 아니듯이, 나르시시즘에 갇힌 평등은 평등주의가 아니다. 거기엔 자신의 자유, 자신의 평등 외에 다른 자유와 평등은 모두 소거되어 있다. 그들은 타자를 묻지 않는다.

경계선 주권장애자는 **묻지마 주권자**다. 타자감각을 잃은 자에게 시간감각과 역사감각이란 없다. 묻지마 범죄자가 언제 칼질을 멈추고 언제 퇴각해야 할지 모르는 것처럼, 경계선 주권장애자도 언제 일어나고 언제 물러서야 할지, 자신이 역사의 어떤 시점에 속하는지조차 알지 못하고, 급기야 자신이 같은 땅을 딛고 사람들과 함께 살아왔었다는 사실조차 망각한다. 묻지마 주권자는 시대에서 **역사의 시그니처**를 읽어내지 못한다.

권력은 이런 무지와 망각에 기생하며 더욱더 달콤한 "잡아먹는 어머니"[158]가 되어 그를

158 — Melanie Klein, "On the Theory of Anxiety and Guilt" (1948), EG, p.30. "나쁜 젖가슴은 투사되어 죽음충동의 대표자가 된다." (p.31)

유혹한다. 경계선을 잃은 주권자에게 그것은 한없이 자비로운 구원자처럼 보인다. 넌 해낼 수 있다고, 넌 다른 경쟁자들을 이길 수 있다고, 세상 모두가 널 배반하고 해하려는 적이고 사탄이지만 내게 기댄다면 넌 살아남을 수 있다고, 나의 품에 안겨 보호되는 유일한 수혜자일 수 있다고 끊임없이 속삭이는. 이렇게 "권력은 인간을 계속 어린아이의 상태에 묶어두려고 한다."[159]

고병권은 신자유주의 국가가 양산하는 비국민을 "내부 난민"[160]이라고 불렀다. 경계선 주권장애자는 주권자 내면의 내부난민이다. 그는 주권의 자리에서 스스로를 추방하고, 위기론과 메시아 사이를 표류하다 끝내 스스로 난파한다. 경계선 주권장애자는 **주권난민**이다.

물론 이 모든 것은 개인의 잘못이 아니다. 개인이 정치적 경계선을 쉽사리 감각하지 못하는 것은 한국의 근대사부터 경계선이 지워져 있기 때문이다. 일제강점기의 잔재도 청산되지 못한 채, 반공주의와 지역주의로 독재를 버텨오다 사분오열된 역사 위에서 개인이 민주주의는커녕 공동체의 경계선을 그리기란 어렵다. 더구나 그가 역사보다는 '좋아요' 업데이트에 더 능숙한 자라면.

159 ─ 알렉시스 드 토크빌, 『미국의 민주주의』 2권, 4부 6장, 889쪽.
160 ─ 고병권, 『추방과 탈주』, 2부 2장, 56쪽.

켈젠은 말년까지 결단을 유보했다. 그는 민주주의를 지지했지만, 법질서의 완전성을 보존하는 비판적 상대주의를 견지하는 한에서였고, 그래서 반민주주의자가 민주주의를 끝장내려 달려들 때조차도 그를 민주적으로 대해야 한다고 주장했다.[161] 오지 않을 것 같던 그날은 오늘이다. 나의 자유, 나의 평등을 위해 타자의 자유와 평등을 소거하려는 과잉충동은 언제나 반민주주의자다. 그러니, 민주주의의 힘이 타자를 인식하고 경계선을 스스로 창출하는 힘, 즉 **결단주권**에 있다고 여전히 믿는다면, 오늘날 민주주의가 마주한 가장 강력한 적은 내 안의 과잉충동 자체다.

경계선 성격장애의 주요한 특징은 "버려짐에 대한 두려움"[162]이다. 경계선 장애 환자가 한없이 굴종하다가도 조금이라도 상대가 멀어지는

---

161 — 한스 켈젠, 「민주주의의 옹호」, 『법철학연구』 13권 2호, 심헌섭 옮김, 한국법철학회, 2010. "민주주의는 가장 악의에 찬 적도 자신의 가슴에 키워야만 하는 것이 그 비극적 숙명인 듯하다."(215쪽) 순수법학 입장에서 본 민주정과 군주정의 대립에 대해선 『일반국가학』 9장을 참고. 켈젠은 민주정과 군주정을 실정헌법의 '자를 수 없는' 연속체 계열의 양극한으로 간주한다. 고로 "순수한 전제정은 순수한 민주정과 마찬가지로 실현될 수가 없는 것이다."(462쪽)
162 — 마거릿 말러, 『유아의 심리적 탄생』, 6장, 166쪽.

가 싶으면 돌변해 광분하고 망동하는 것은, 클라인의 말처럼 그 자신의 "절멸공포(fear of annihilation)"[163]를 외부에 투사하고 있기 때문이다. 경계선 성격장애 환자는 한없이 작고 초라한 아이다. 그는 사분오열 찢어져 흩어지기 직전의 자아를 붙들고서 벌벌 떨고 버둥대며 엄마를 찾고 있는 가엾은 영혼이다. 하지만 그 때문에 그의 공포는 간호가 될지언정 정치가 될 순 없다. 그 버둥거림에 공감능력이 없다. 절멸의 공포를 외부에 떠넘길수록 "부인되고 절멸되는 것은 그저 어떤 상황과 대상이 아니라 **대상관계**(object-relation) 자체"[164]이기 때문이다. 절멸이 두려워 환상으로 숨는 자에게 정치란 불가능하다.

---

163 — Melanie Klein, "On Identification" (1955), EG, p.144. "절멸의 공포는 가장 근원적인 공포다."(같은 곳)
164 — Melanie Klein, "Notes on Some Schizoid Mechanisms"(1946), EG, p.7.

8

과잉에 저항하기

타인을 만나는 훈련

과잉은 울화병이다. 과잉주체는 억울하다. 그가 사소한 자극에도 상처받고 폭발하면서 그토록 많은 권리에도 점점 더 일차원적으로만 반응하며, 그토록 많은 지식에도 점점 더 어린아이처럼 되어갈 때, 거기에는 사회로부터 강요되는 어떤 감정의 차원이 개입되어 있다. 이를 간과한 채 사람들은 주체가 참을성이 부족해졌다거나 욕심이 많아졌다는 식의 잘못된 결론을 내린다. 과잉현상을 스트레스 때문이라 오진하기도 하고, 그에 따라 요가와 명상이 유행하기도 한다. 그러나 과잉충동의 기원은 스트레스에 기인하는 것도 아니며, 요가와 명상으로 치유될 수 있는 것도 아니다. 만약 주체성이 어딘가 부족해서 과잉이 생겨난 것이라면 지난 세기야말로 과잉의 시대였으리라.

과잉은 경계의 철폐지, 규모나 수량이 아니다. 너무 많은 대상의 위력은 대상들 간의 경계를 철폐해 무엇이 진짜 목적인지 알지 못하도록 "판단을 마비"시키고 "역사적, 사회적 가치들의 자명한 질서를 비결정적인 지위로 두고자"[165] 하는 데 있다. 그에 따라 사회의 지향점은 오락가락하고, 시장의 변덕은 일상화되며, 장기적인 안목에서의 계획과 행동

165 ─ 이광석, 『데이터 사회 비판』, 책읽는수요일, 2017, 4장, 100쪽. 이광석은 과거의 이데올로기 권력과 오늘날의 데이터 권력을 비교한다. 전자가 "데이터를 왜곡"하여 "현실을 재가공"했다면, 후자는 "데이터 과잉의 해석에 노출시켜서 판단을 유보"시킨다. (100~102쪽)

은 불가능해진다. 주체와 대상의 경계도 함께 철폐된다. 슈퍼마켓 진열장의 상품들, 노동시장의 경쟁자들, TV와 인터넷 속 정보들, SNS 속 친구들… 넘쳐나는 대상들은 무한한 가능성으로 유혹하며 주체를 팽창시키고, '나는 뭐든지 할 수 있다'는 슬로건을 보편화하지만, 그만큼 대상은 언제든지 취해지고 버려지는 주체의 그림자가 된다. 최악의 경우, 주체는 "폭발할 만큼 팽창해서 대상과의 관계가 거의 단절된 상황, 즉 병적으로 과잉된 상태에 놓일 수도 있다."[166]

과잉주체가 느끼는 억울함은 여기서 나온다. 너무 많은 대상들이 주어지지만 정작 믿고 의지할 **진짜 대상은 점점 사라져간다**. 이 사회는 '넌 뭐든지 할 수 있다'고 말하지만 사실 난 아무것도 할 수 없고, '넌 뭐든지 가질 수 있다'고 말하지만 사실 난 아무것도 가질 수 없다. '넌 뭐든지 알 수 있다'지만 사실 아무것도 알 수 없으며, '넌 누구와도 친구가 될 수 있다'지만 사실 누구와도 친구가 될 수 없다. 거기엔 대상 자체가 없다.

그것은 일종의 배반이다. 대상의 배신. 당장이라도 올 것처럼 떠들어대던 과잉된 대상은 결코 오지 않는다. **과잉사회는 반드시 배신한다**. 그래서 주체는 억울하다. 더 분통이 터진다. 그래서 더,

---

166 ─ 박이문, 『철학의 둥지』, 소나무, 2012, III-3장, 207쪽. "그것들[주체와 대상] 간의 거리가 완전히 사라지는 순간, 인간의 의식이 완전히 증발하여 동물이나 돌과 같은 무의식 상태에 빠진다."(206쪽)

더, 더 과잉한다. 너무 많은 스트레스가 아니라 너무 많은 가능성이 과잉충동의 창궐에 기여한다. 사람들이 오해하는 것과 달리, 과잉충동의 기원은 주체의 욕심보다는 대상의 배신에, 주체성의 결핍보다는 대상성의 결핍에 먼저 있는 것이다.

　　　　과잉의 세기를 읽는 이론으로 프로이트 학파보다 클라인 학파가 더 적합한 것은 이 때문이다. 프로이트 학파는 거세공포가 모든 인간 불안의 원형이라고 본다. 그러나 클라인 학파가 볼 때, 인간의 불안과 광기는 오이디푸스 시기보다 더 이른 나르시시즘적 시기부터 시작된다. 즉 인간은 주체성이 채 성립되기 이전(생후 6개월)부터 이미 모든 과잉충동을 개시하며, 그런 점에서 그의 불안과 광기는 고추떼기가 아니라 젖떼기로부터, 거세공포가 아니라 절멸공포로부터, 즉 "아이에겐 세계 전체와 맞먹는"[167] "어머니 혹은 젖가슴이라는 원초적 대상(primal object)"[168]의 박탈로부터 온다(고로 충동은 아버지의 남근보다는 "어머니의 몸속"[169]을 먼저 겨눈다). 그러니까, 과잉충동은 주체성의 부분

167 — Melanie Klein, "Our adult World and its Roots in Infancy"(1959), EG, p.248.
168 — Melanie Klein, "Envy and Gratitude"(1957), EG, p.220.
169 — 멜라니 클라인, 『아동 정신분석』, 이만우 옮김, 새물결, 2011, 8장, 229쪽. "욕망은 처음에는 어머니의 젖가슴을 향하지만 이내 어머니의 몸속으로 확대된다."(같은 곳)

적 손실이 아니라, **대상성 전체의 손실**로부터 태어난다. "대상이 전체 대상으로서 사랑받기 전까지는 그 상실은 전체적 상실로 느껴질 수 없다."[170]

이는 진실일 테고, 오늘날엔 더욱 진실일 터다. 실제로 과잉의 패러다임은 나쁜 아버지보다는 나쁜 어머니의 모습을 더 닮아간다. 주체를 일부 제한하는 아버지보다는 대상 전체를 앗아가는 어머니를 더 닮아간다. 우리가 이미 살펴보았듯, 과잉의 시대에 권력은 더 이상 경계를 세우며 '하지 마'라고 금지하는 남근적 형태가 아니라, 경계를 철폐하며 '더 하라'고 장려하는 어머니 혹은 매트릭스처럼 작동한다. 공공규제가 약화되면서 그 기능과 역할이 개인에게 떠넘겨지는 경향은 이로부터 나온다. 공통의 목적을 지시하던 이데올로기는 사적 이익을 극대화하는 자기계발 담론으로 대체되고, 그에 따라 국가도 공공질서를 강화하는 권위적인 "사회 국가(social state)"에서 민간에 안전서비스를 제공하는 "개

---

170 — Melanie Klein, "A Contribution to the Psychogenesis of Manic-Depressive States" (1935), LGR, p.274. 클라인의 오이디푸스에 대한 논의로는 다음 두 중요한 논문. "Early Stages of the Oedipus Conflict" (1928), LGR ; 「오이디푸스 갈등과 초자아의 형성」, 『아동 정신분석』, 8장. "태내 상황(intrauterine situation)의 상실"에 관해서는 "On Observing the Behaviour of Young Infants" (1952), EG, p.95를 참고.

인 안전 국가(personal safety state)"로 축소된다.[171] 이제 적국의 위협으로는 층간소음이나 내장 비만만큼의 반응도 이끌어내지 못한다. 모든 것은 나만의 문제, 나만의 안전, 나만의 공포로 민영화되고, 권력은 과잉보호책을 제공하며 그 이익을 환수해 간다.

한마디로 과잉의 패러다임은 나르시시즘을 육성함으로써 남근권력과 멀어진다. 과잉의 패러다임은 나르시시즘의 패러다임이다. 오늘날의 과잉현상에서 사적 공간을 팽창하려는, 흡사 어떤 장애물도 없는 자궁 같은 **저항 없는 내부**를 지으려는 욕동이 종종 발견되는 것은 우연이 아니다. 칼을 들고 거리로 나서는 묻지마 범죄자뿐 아니라 카메라를 들고 거리로 나서는 관종 BJ에게서 과잉행동은 마치 공적 영역과 타인이 없는 것처럼 저항 없이 일어난다. 그들은 공공성을 적대하는 게 아니다. 사적 영역을 팽창시킴으로써 공공성을 부인하는 것이다. 그들은 윤리의 당위성을 느끼지 못하는 게 아니다. 윤리의 필요성을 느끼지 못하는 것이다. 그들은 이미 자신의 나르시시즘적 집 안에 있다. 그래서 그들은 사소한 저항감마저도 자유의 침해로 받아들이는 것이다. 과잉주체는 광장의 히키코모리다. 무한정 넓어

171 — 지그문트 바우만, 『모두스 비벤디』, 한상석 옮김, 후마니타스, 2010, 1장, 23~30쪽. 그래서 바우만은 과잉의 시대에 테러는 자생적이라고까지 말한다. 테러는 "과잉 대응 자체에서 힘을 얻는다."(39쪽)

167

진 집 안을 자아와 일치시키는 나르시시스트다. 불행은 이 상상적 자궁이 무너질 때 온다. 집이 크다고 다 좋은 건 아니다. 너무 완벽한 집은 감옥이 되고(우울증, 편집증) 방이 너무 많아도 집안에서 길을 잃을 수도 있으며(ADHD, 정신분열증, 공황장애) 친구들이 너무 많이 들어차 있어도 원수가 된다(분노조절장애, 묻지마 범죄). 이 시대의 모든 폭력과 병리현상은 "집 없는 방"[172]이라는 분열적 형태로 일어난다.

오늘날 패러다임은 남근권력에서 자궁권력으로 변환하고 있다. 이것은 비유가 아니다. 오늘날 아버지의 법은 권력의 핵심이 아니며 간간히 변주만 쳐줄 뿐이다. 거세하는 아버지는 강박증자로서 지난 세기의 패러다임에 속한다. 과잉시대의 권력은 그처럼 거세하고 제한하고 억압하지 않는다. 그것은 품고 어르고 오냐오냐해주다가 맘에 안 들면 지워버린다. 즉 '흡수한다'. 충동은 권력을 닮는다. 과잉충동은 저항 없는 "자궁으로 복귀(Rückkehr in dem Mutterleib)"[173]하려는 퇴행충동으로 정의

---

172 — 엄기호, 『단속사회』, 창비, 2014, 4장, 117쪽. "외부가 없는 집, 그건 집이 아니라 방일 뿐이다."(124쪽)

173 — Otto Rank, *Das Trauma der Geburt*, Internationaler Psychoanalytischer Verlag, 1924, p.26. "아동 불안의 모든 표현은 출생불안(Geburtsangst)으로부터 연원하며, 모든 쾌락은 원초적인 태내 쾌락(intrauterinen Urlust)의 복원을 지향한다."(p.20)

될 수 있을 것이다.

　　　　과잉의 패러다임은 나쁜 어머니다. 그것은 나르시시즘을 배양한다. 과거의 권력은 나르시시즘을 제한함으로써 적어도 세계를 주었다. 반면 이번 세기의 자궁권력은 나르시시즘을 오냐오냐하며 세계는 지워버린다. 한도 끝도 없는 과잉을 약속하며 세상 전부를 주지만, **진짜 세계는 소거**한다. 오늘날 모든 불행은 얼마든지 과잉행동해도 좋다고 허락받은 아이가 들떠 날뛰다가 정작 진짜 세계는 없다는 것을 깨닫는 사태의 일환이다. 과잉주체의 울분은 나쁜 아버지의 매질이 아니라, **나쁜 어머니의 배신**에서 온다. 이번 세기, 오냐오냐는 저주다. 동시에 시한폭탄이다.

　　　　그러나 나쁜 어머니만 있는 건 아니다. 대상관계이론의 아동분석가들은 좋은 어머니가 아기와 맺는 건강한 관계를 탐구해 보여준 바 있다. 말러는 아기가 어머니와의 "공생궤도(symbiotic orbit)"로부터 분리되어 개별화되는 과정을 연구했다. 그녀에 따르면, 아기는 자궁으로부터 이탈된 후에도 어머니와 자신을 판별하지 못하는 편집증적 황홀 상태를 한동안 유지하는데, 점차 감각과 운동기관이 발달함에 따라 배로 기고 기어오르다 넘어지고 다시 일어나며 어머니와의 분리를 "연습"한다. 연습 기간 동안 아기는 어머니와의 "**적절한 거리**(optimal distance)"를 유지하면서 주변환경에 대한 "탐색의 기회"를 가지며, 점진적으로 그 거리를 늘려나간다. 이때 어머니의 역할은 아기를 그저 방치하는 것도, 끌어안고 놔주지 않는 것도 아니다. 어머니는 아기가 넘어질 때면 어김없이 나타나 잡아주거나, 탐색에 지쳐 돌아오면 기운을 차리게 도와주는 "재충전(refueling)"의 역할을 수행한다.[174] 이 거리를 충분히 연습하지 못하고 분리에 실패하면, 공생궤도를 아예 이탈해 자폐증이 되거나, 그 안에 갇혀 편집증이 된다. 궤도 안팎을 오락가락하는 경계선 장애로도 발전한다.

위니캇은 어머니의 역할을 '환경'으로 확장했지만 결론은 같다. 어머니를 비롯한 환경(아기침대, 유모차, 장난감⋯)은 대상들을 제공하며 "자아 지원(ego-support)"하는 가운데, 아기는 경험을 모으며 "나로부터 나-아닌 것을 분리"해나간다.[175] 지원 역시 무작정 끌어안고 있는 것이 아니다. 그것은 아기의 개별체로의 "이행(transition)"

174 — 마거릿 말러⋅프레드 파인⋅애니
버그만, 『유아의 심리적 탄생』, 이재훈
옮김, 한국심리치료연구소, 1997, 5장,
108~110쪽.
175 — 도널드 위니캇, 「어린이 발달에서의
자아통합」(1962), 『성숙과정과 촉진적
환경』, 이재훈 옮김, 한국심리치료연구소,
2000, 86~89쪽.

을 돕는 것이며, 고로 좋은 어머니란 무작정 헌신하거나 방임하는 것이 아니라, 그 자신도 아기와 함께 이행하면서 "헌신하지만 점차적으로 철수할 수 있는"[176] 어머니다. 이런 헌신과 철수의 적절한 안배 없이 유아는 구강기 전능환상을 극복하지 못하며, 이는 각종 과잉행동 질환의 병인이 된다. 그런 점에서 마냥 오냐오냐하는 "완벽한 어머니는 거세하는 것보다 더 나쁜 일을 하는 것이다."[177]

세상 전부였던 젖가슴과 분리되어 진짜 세계를 마주한다는 것은 분명 고통스러운 일이다. 그것은 경계를 긋는 일이나, 무 자르듯이 단칼에 되는 것도 아니다. 그것은 아기가 멀어지고 또 돌아오며 어머니와의 거리를 늘였다 줄였다 **밀고 당기는 (pull and push)**[178] 와중에서 쟁취되는 것이다. 그러니까, 거리의 밀당은 **저항감의 연습**이다. 밀당을 통해 아기는 자신과는 다른 무언가가 거기 있음을 체감하며, 그 거리는 무한정 늘어나지도 않지만 아예 줄어들지도 않는다는 사실을 깨우침으로써 어머니를 비롯한 환경이 "자신과 유사하지만 다른 존재라는 의식을 형성"[179]한다.

---

176 — 도널드 위니캇, 「유아의 성숙과정에서 본 정신장애」(1963), 같은 책, 343~344쪽.
177 — 도널드 위니캇, 「부모-유아 관계 이론」(1960), 같은 책, 72쪽.
178 — 마거릿 말러 외, 『유아의 심리적 탄생』, 5장, 110쪽.
179 — 같은 책, 6장, 141쪽. 정확히

어머니와의 밀당은 생애 처음 인류가 해내는 경계의 탐색이다. 건강한 아기와 좋은 어머니의 관계는 실제로 이런 혹독한 고행과 훈련으로 가득하며, 평온하게 보일 때조차 그렇다. 가령 안아주기는 또 다른 환경지원으로서, 이때 아기는 어머니의 몸에 저항하는 신체윤곽을 형성하는데, "바람직한 상황에서 피부는 **나와 나-아닌 것 사이의 경계**(boundary)가 된다."[180]

밀당을 오락가락하는 양극성으로 오해해선 안 된다. 외려 양극성은 밀당이 실패할 때 발병한다. 반대로 밀당은 숱한 거리 변화 속에서도 아기 자신이 존재의 일관성을 유지할 수 있게끔 안정감을 훈련시키며, 이는 공감능력과 윤리의식의 발달에 기여한다. 그래서 클라인은 밀당이 "**신뢰**(trust)"의 훈련이라고도 말한다. 타고난 나르시시스트로서 갓

구분하면, 거리의 연습은 연습기(생후 6~13개월)에 해당하며, 여기서 아기는 어머니로부터 탈출하는 데서 전능감을 확보한다. 그러나 초기 화해기(생후 18개월 이후)에 접어들면서, 아기는 다른 존재들을 의식하게 되고, 전능감에 타격을 입게 된다. 어머니의 역할도 "피난처"에서 "발견을 함께 나누고 싶은 존재"로 이행한다.
180 ─ 도널드 위니캇, 「어린이 발달에서의 자아통합」(1962), 『성숙과정과 촉진적 환경』, 이재훈 옮김, 한국심리치료연구소, 2000, 87쪽. 위니캇이 "제한막"(limiting membrane)이라 부르던 개념으로서, 이로 인해 비로소 투사와 내투사가 가능해진다며 클라인의 이론을 보완했다.

172

난아기는 대상을 잃으면 분명 자아가 산산조각날 것이나, 대상과 부단히 밀당하는 과정을 통해 사라졌던 대상은 언젠가는 반드시 되돌아온다는 확신을 배운다. 젖떼기 아기가 자신을 배신하고 떠나버린 젖가슴에 대한 시기심과 공격성을 극복하는 것 또한 이러한 **대상의 되돌아오는 능력에 대한 신뢰** 덕분이며, 이는 대상을 내면화하고 상징화하는 능력으로 발전해 정신을 성숙시킨다. 그것은 사별한 누군가를 상징화하여 영원히 곁에 머물도록 하는 애도작업과도 같다. 즉 "엄마가 사라졌어, 돌아오지 않을 거야, 엄마는 죽었어"의 단계에서 "아니, 엄마는 사라질 수 없어, 내가 되살려낼 거거든"[181]의 단계로 성장하며, 아기는 그렇게 어른이 되어간다. 초자아는 다른 것이 아니다. 이렇게 **내면화된 대상**을 기준 삼아 스스로 저항감을 느끼고, 생각과 행동을 스스로 경계 짓는 능력[182]이 곧 초자아고 윤리의식이다. 고로 어머니가 꼭 생물학적 어머니거나 여자일 필요도, 아예 하나의 젠더일 필요도 없을 것이다. 잘 내면화된 어떤 대

---

181 — Melanie Klein, "Some Theoretical Conclusions Regarding the Emotional Life of the Infant"(1952), EG, p.75.

182 — "자기와의 관계"(relation to ourselves)에 대해서는, 클라인의 윤리적 입장을 볼 수 있는 중요한 논문 "Love, Guilt and Reparation"(1937), LGR. "사랑을 전이시키고, 첫사랑의 대상을 타인으로 대체할 수 있는 능력(…)" (p.326)

상도 자아를 "인도하고 보호해주는" "내면화된 어머니"[183]로 기능한다.

한마디로, 좋은 어머니는 과잉의 패러다임이 하지 않는 짓만 골라서 한다. **좋은 어머니는 과잉의 적이다.** 배신하는 대신 밀당하고, 소거하는 대신 충전해준다. 나르시시즘을 배양하는 대신 타자감각을 승화시킨다. 이것은 교육으로서의 투쟁전선이다. 좋은 어머니는 저항을 가르치고, 건강한 아기는 저항을 연습한다. 나쁜 어머니가 오냐오냐하여 경계도 없지만 믿지도 않는 인간을 길러내는 반면, 좋은 어머니는 밀당까꿍하여 **경계를 지켜서 믿을 줄도 아는 인간**을 육성하는 것이다. 확실히 요가와 명상만으로는 부족할 것이다. 거기엔 이런 밀당의 교육과 저항의 연습이 없다. 밀당만이 오냐오냐에 저항한다.

연대와 희생 역시 저항감의 단련 없이는 불가능한 덕목들이다. 모두 타자감각을 전제하기 때문이다. 저항 없는 유대감이란 없다. 저항의 공감이 곧 유대감이다. 저항 없는 희생정신이란 없다. 저항의 통감이 곧 희생정신이다. 대상은 그때 주어지는 것이다. 대상이 있어서 신뢰가 생기는 것이 아니다. 반대로 신뢰가 있어야 비로소 "대상은 나타난다."[184]

---

183 — Melanie Klein, "On Mental Health"(1960), EG, p.269.
184 — Melanie Klein, "Some Theoretical Conclusions Regarding the Emotional Life of the Infant"(1952), EG, p.75. "아동이

　　　　　　과잉의 패러다임에 없는 것이 바로 신뢰다. 그것은 모든 분야와 영역에서 경계를 철폐하고 저항감을 소거해 개인과 사회가 신뢰를 형성할 가능성을 박탈한다. 유대관계는 콩가루마냥 바스러진다. 신뢰의 결핍을 메꾸려고 네트워크가 제공되지만, 이 역시 신뢰를 회복하진 못한다. 신뢰는 대상이 떠났다가 돌아오는 밀당에서 성립하는 것이다. 그러나 하이퍼링크는 떠날 줄 모른다. 떠날 줄 모르니 돌아올 줄도 모른다. 돌아올 줄 모르니 신뢰도 모른다. 노트북 속 데이터는 밀당되지 않는다. 업데이트되고 아웃데이트될 뿐. 핸드폰 속 친구들은 밀당되지 않는다. '좋아요'되고 '싫어요'될 뿐. 아무 때나 켜고 끄고, 아무나 링크하고 차단하는 네트워크 체계는 신뢰를 증진하기는커녕 신뢰의 필요성을 소거한다.

　　　　　　최악의 경우, 네트워크는 인간의 마음속에서 내면화된 어머니를 대체함으로써 각종 과잉성 장애의 발병에 기여한다. 조울증, 충동조절장애, 경계선 성격장애 질환자는 자기 자신을 믿지 못해서 세상도 믿지 못한다. 소거충동은 신뢰결핍증이 성격으로 고착된 결과물이다. 그것은 대상을 믿느니 차라리 그 부재를 믿기를 선호하는 성격의 표현이다. 그런 점에서 SNS 조울증과 묻지마 범죄는 하나의 동

대상들과 회복력에 대한 확신을 키워감에 따라, 전능감은 감소된다."(같은 곳)

근원적인 현상이다. 다른 점이 있다면, 전자가 신뢰의 결핍을 '좋아요'로 메꾸려고 한다면, 묻지마 범죄는 신뢰의 결핍을 피로 메꾸려고 한다는 점, 그뿐이다. 소거충동의 궁극적 표적은 내면화된 대상, 즉 **절제의 기준이 되고 포용의 원천이 되는 내면화된 어머니** 자체다.

위니캇의 말대로, 아이가 설탕을 훔칠 땐 엄마를 훔치는 것이다. 여기에는 그래도 희망이 있다. 적어도 그 아이는 엄마가 어딘가에 있다는 것을 믿으니까.[185] 그러나 이번 세기, 묻지마 범죄자가 세계를 소거하려 할 땐 마음속 엄마까지 소거하려는 것이다. 그는 더 이상 세계를 믿지 않는다. 그에겐 이미 더 좋은 엄마품이 있다. 전능성을 오냐오냐해주는 상상의 모태가. 하이퍼-엄마와도 같은 하이퍼링크와 하이퍼미디어가.

생후 6개월의 아기에게나, 생후 600개월의 어른에게나 밀당 연습은 조절능력의 함양이다. 대상의 저항감은 경계를 그을 수 있는 용기를 주고, 대상의 신뢰감은 경계를 지킬 수 있는 지혜를 준다. 세계에 대한 저항감은 포용력과 유대감의 기초가 되는 것처럼, 세계에 대한 신뢰감은 절제력과 균형감의 기초가 된다. "경계는 확신을 제공한다."[186]

---

185 ― 도널드 위니캇, 『아이, 가족, 그리고 외부세계』, 이재훈 옮김, 한국심리치료연구소, 2018, 34장, 298쪽.
186 ― 지그문트 바우만, 「경계를 긋는다는 것」, 『고독을 잃어버린 시간』,

그런데도 과잉의 패러다임은 저항감을 전능감으로, 재충전을 무한충전으로, 신뢰를 네트워크로 대체하면서 가짜 자궁을 지어놓고 세계를 참칭하려고 한다. 인간이 태어나서 어머니와 했던 모든 밀당훈련을 마치 없었던 일인 양 취소해버리고, 내면화된 어머니까지 말살함으로써 하이퍼-엄마 행세를 하려고 한다. 무저항감만을 진리로 가르치고, 저항불능자만을 길러내기 위해서다. 그로써 인간은 "격렬성을 가라앉힐 시간적 여유를 줄 수 있는 장애물"[187]을 잃어가며, 포용하는 용기도 절제하는 지혜도 없는 무경계의 인간이 되어간다. 과잉이 아니면 아무것도 알 수도 할 수도 없는 과잉의 세계를 최선으로 여기며, 신뢰감과 유대감의 공백을 메꾸려 더더욱 과잉하지만, 이는 더 큰 과잉을 부를 뿐이다. 이런 악순환이 젖떼기와 함께 첫 번째 어머니와 이별한 우리는 이제 각자가 스스로 또 서로에게 두 번째 어머니 역할을 해주어야 한다는 사실, 즉 서로가 탐색장소와 재충전소의 역할을 하며 서로에게 밀당의 대상이 되어주어야 한다는 윤리적 사실마저 가려버린다.

서로에게 두 번째 어머니가 되어준다는 것, 그것은 서로에게 타자가 되어주는 일이다. 젖먹이 때 갈고 닦았던 밀당을 드디어 현실에 적용하고

오윤성 옮김, 동녘, 2019, 259~260쪽.
187 — 알렉시스 드 토크빌, 『미국의 민주주의』 1권, 임효선·박지동 옮김, 한길사, 1997, 8장, 337쪽. '다수의 횡포' 부분.

응용해보는 일이고, 세 살 아이와 여든 살 어른의 경계마저도 철폐하려는 과잉의 시스템에 대항해 세 살 버릇을 여든 살의 품격으로까지 연장하는 일이다. 그로써 지켜지는 '적절한 거리'를 광장 삼아 타자들의 마주침을 성사시키는 일이다. 과잉이 가장 먼저 깽판 치려고 했던 일이다.

　　　그러니 밀당의 목적은 동일성의 안락에도 차이의 쾌락에도 있질 않다. 밀당의 목적은 **대상의 회복**, 그 타자성의 영접에 있다. 그것은 삶과 운명에 대한 예의와 구분되지 않는다. 타자들이 마주쳐야 경계가 생기는 것이 아니다. 반대로 **경계를 지켜야 비로소 타자들은 마주친다**. 진짜 세계는 그때서야 나타난다.

　　　세계는 다른 것이 아니다. 세계는 경계들의 질서고, 타자들의 모임이다. 그건 내가 과잉한다고 얻어지는 것이 아니다. 그럴 때면 세계는 내게서 "물러선다." "저항"한다.[188] 내게 저항하고 조절하는 법을 가르쳐주기 위해서다. 저항 없는 세계는 세계가 아니다. 거리 없는 대상은 대상이 아니다. 좋은 어머니가 그러한 것처럼, 세계란 "타자성의 사건"[189] 자체다.

　　　클라인의 유작은 「외로움에 관해서」였

---

188 ─ 에마누엘 레비나스, 『시간과 타자』, 강영안 옮김, 문예출판사, 1996, 4강, 108쪽 ; 3강, 85쪽.
189 ─ 에마누엘 레비나스, 같은 책, 4강, 107쪽.

다. 이 짧은 논문에서 그는 인간에게서 외로움은 결코 제거되지 않으며, 대상세계 속에서 외로움은 필요하다고까지 말한다. 왜냐하면 외로움이란 자아와 대상이 **서로에게 타자로서** 분리되는 고통, 그로써 자아도 대상도 "결코 완전할 수 없음을 깨우치는"[190] 고통에 다름 아니기 때문이다. 완전하지 않은 대상만 신뢰의 대상이 된다. 완전한 것은 믿을 필요도 없는 것이다.

　　　　어머니는 완전하지 않기에 어머니다. 실상 안아주다가도 물러서고 밀당하다가도 사라지면서 그가 우리에게 가르쳐주려는 바는 그가 언젠가 정말 떠난다는 사실이다. 하지만 이는 가르침의 중단이 아닌 그 완성이다. 어머니는 대상이란 반드시 되돌아온다는 것을, 그러니 믿기만 한다면 대상은 "주고받을 수 있다"[191]는 것을, 그로써 누군가가 떠난 빈자리에도 어김없이 다른 대상들이 찾아들며, 또 그 환대의 가능성은 기다림의 인내와 크게 다르지 않다는 것을 가르치기 위해서만 떠난다. 대상의 신뢰란 그 숱한 이별에도 "세계는 원하는 것과 필요한 것을 간직하고 있을 수 있다는 믿음"[192]에 다름 아님을,

---

190 — Melanie Klein, "On the Sense of Loneliness"(1963), EQ, p.305.
191 — 같은 곳, p.311. "첫 번째 대상과의 행복한 관계와 그의 성공적인 내면화는 사랑을 주고받을 수 있음을 의미한다."
192 — 도널드 위니캇, 『아이, 가족, 그리고 외부세계』, 13장, 116쪽.

179

결국 "홀로 있을 수 있는 능력"이란 **"항상 거기에 누군가가 있다는 것"**을 믿는 능력[193]임을 다 가르치기 전까지 어머니는 결코 시간을 내려놓지 않는다. 좋은 어머니는 영원히 배신하지 않는다.

오늘날 과잉의 폭풍 속에서 우리는 외로울 수 있는 능력을 잃어간다. 대상과 함께 할 수 있는 능력이 많아져서가 아니라, 거꾸로 그런 능력을 잃어서다. 외로워서 과잉한다기보다는 외로울 수 없어서 과잉하며, 존재의 불완전함을 통해 대상을 마주하는 법을 점점 잃어간다. 모든 것은 저항감을 느끼고 타자성을 밀당하고 신뢰를 분투하는 고통을 회피하기 위해서다. 그만큼 우리는 자주 **"고통은 생산적일 수 있다"**[194]는 것을 잊고 산다. 그러나 망각이 진리를 덮진 못한다. 밀당만이 존재를 구원한다. 저항만이 세계를 회복한다. 걸음마 아기는 침대에 몸소 부딪치고 걸상 다리에 머리를 찧으며, 전능성의 환상을 스스로 깨뜨리면서 세계 속으로 나아가야만 한다.

"좋은 엄마와 아빠는 아이들의 숭배 대상이 되는 것을 원치 않는다. 그들은 아이들이 자신들을 보통의 인간 존재로서 보아주기를 희망하면서, 이상화와 증오의 극단들을 견뎌낸다."(12장, 108쪽)
193 ─ 도널드 위니캇, 「홀로 있을 수 있는 능력」(1958), 『성숙과정과 촉진적 환경』, 46쪽. "홀로 있을 수 있는 능력은 좋은 대상이 존재하는 것에 달려있다."(42쪽)
194 ─ Melanie Klein, "Mourning and its Relation to Manic-Depressive States"(1940), LGR, p.360.

과잉존재
©김곡, 2021

초판 1쇄 인쇄 2021년 3월 17일
초판 1쇄 발행 2021년 3월 25일

지은이   김곡
펴낸이   이상훈
편집인   김수영
본부장   정진항
편집1팀   김단희 이윤주 김진주
마케팅   천용호 조재성 박신영 성은미 조은별
경영지원   정혜진 이송이

펴낸곳   한겨레출판(주) www.hanibook.co.kr
등록   2006년 1월 4일 제313-2006-00003호
주소   서울시 마포구 창전로 70 (신수동)
           화수목빌딩 5층
전화   02-6383-1602~3
팩스   02-6383-1610
대표메일   book@hanibook.co.kr
ISBN   979-11-6040-467-8 (03100)